书山有路勤为径,优质资源伴你行
注册世纪波学院会员,享精品图书增值服务

从负责到当责

HOW DID THAT HAPPEN?

Holding People Accountable for Results the Positive, Principled Way

[美] 罗杰·康纳斯（Roger Connors） 著
汤姆·史密斯（Tom Smith）
晋晶 译

当责引领者促动他人积极、有原则地为成果负责

电子工业出版社
Publishing House of Electronics Industry
北京·BEIJING

How Did That Happen?: Holding People Accountable for Results the Positive, Principled Way
by Roger Connors and Tom Smith
Copyright © Roger Connors and Tom Smith, 2009
All rights reserved
This edition published by arrangement with Portfolio, an imprint of Penguin Publishing Group, a division of Penguin Random House LLC

本书简体中文字版经由 Portfolio 授权电子工业出版社独家出版发行。未经书面许可，不得以任何方式抄袭、复制或节录本书中的任何内容。

版权贸易合同登记号　图字：01-2022-5605

图书在版编目（CIP）数据

从负责到当责：当责引领者促动他人积极、有原则地为成果负责 /（美）罗杰·康纳斯（Roger Connors），（美）汤姆·史密斯（Tom Smith）著；晋晶译. —北京：电子工业出版社，2023.6
书名原文：How Did That Happen?: Holding People Accountable for Results the Positive, Principled Way
ISBN 978-7-121-45612-1

Ⅰ.①从… Ⅱ.①罗… ②汤… ③晋… Ⅲ.①企业管理—组织管理学 Ⅳ.①F272.9

中国国家版本馆CIP数据核字（2023）第094790号

责任编辑：杨洪军
印　　刷：三河市龙林印务有限公司
装　　订：三河市龙林印务有限公司
出版发行：电子工业出版社
　　　　　北京市海淀区万寿路173信箱　邮编100036
开　　本：720×1000　1/16　印张：18.75　字数：300千字
版　　次：2023年6月第1版
印　　次：2023年6月第1次印刷
定　　价：79.00元

凡所购买电子工业出版社图书有缺损问题，请向购买书店调换。若书店售缺，请与本社发行部联系，联系及邮购电话：（010）88254888，88258888。
质量投诉请发邮件至zlts@phei.com.cn，盗版侵权举报请发邮件至dbqq@phei.com.cn。
本书咨询联系方式：（010）88254199，sjb@phei.com.cn。

前言

事情怎么会变成这样

2008年，历史性的美国总统大选竞选活动进入最后阶段，美国民众最关切的议题，莫过于日益恶化的经济。仿佛一夜之间，金融海啸席卷了整个国家，改变了整个金融市场。股票市场崩盘，道琼斯工业指数损失了近半的市值，世界各地的市场无一幸免。

时至2008年10月，世界上有许多证券交易市场下滑达10%，跌幅名列史上前几名。美国金融市场一夜之间全面瓦解，造成的影响遍及海外。例如，冰岛有许多银行倒闭，使得整个国家宣告破产。欧洲的失败显示，就连全世界历史悠久的国家也无法从金融海啸中全身而退。国际货币基金组织警告，全球金融体系正在濒临系统性崩溃。英格兰银行代理总裁也宣称，这"也许是人类历史上，此类金融危机最严重的一次"。

由于世界金融市场的崩溃，人们的财富开始急速缩水。伴随而来的是，个人投资者的退休金账户价值减少，家庭房贷缴不出来，飙高的失业率，加上企业预算删减，使得这起灾难蔓延到了个人层面。这些突发性的一系列变化使得一般人和华尔街的金融人士都不禁要问："事情怎么会变成这样？"

似乎没有人预见它的到来。从金融专家、市场大亨、企业领袖、政府官员到路人甲，全都无一幸免。然而，如果仔细观察，也许就能在事前隐约发现征兆。例如，房屋价格的上涨速度高于收入、个人存款跌到1933年至经济大萧条之后的新低点。银行推出所谓次级贷款的金融商品，根本不查证买方的收入，也不需要头期款。金融机构以不动产抵押债券的形式，买进数以亿计的这类岌岌可危的贷款。其中，还包括全球最大和最受推崇的银行。

事后看来，这些高风险的投资和其他的财务决策，如刻意降低利率，都是忽视经过证实的经济学原理的结果。尽管如此，这场惊天动地的灾难，仿佛完全出乎人们的意料。

事实上，根据我们的估计，2008年的全球金融海啸，将在史上成为过去50年来最严重的"当责管理"案例。

"事情怎么会变成这样？"这个问题，通常会带出它的必然推论："谁该当责？"

你可以轻而易举地指认一堆共犯——"政客"和"政府单位"对房贷市场的规范失败；"评比机构"给了不动产抵押债券最高的评价，暗示它们是安全的投资。此外，还有"购房者"与"银行"——

前言

许多购房者假设，在浮动利率升高到他们无法负担之前，他们就能够将手上的房子脱手。而银行把钱借给购房者，狼吞虎咽次级贷款的短期利润。贪婪的"投资客"与"市场投机客"下注，赌一赌情况可能恶化到什么程度。

我们别忘了，整件事情的开端，是因为许多华尔街金融机构的"巫师"，发明复杂灵巧又无人能懂的金融工具，最后，终于打垮许多声誉极佳的公司，如雷曼兄弟、贝尔斯登、摩根士丹利和美国国际集团。

谁又会想到美国三大汽车公司的首席执行官，搭乘他们的私人飞机到华盛顿朝圣，恳求美国国会贷款数百亿元，解决这个累积了数十年的危机？愤怒的美国人不禁要问："到底谁该当责？"不只是为这一团混乱当责，还能扭转劣势。究竟谁能做到呢？即使联邦政府已经开始设法解决问题，人们还是满脑子的问号："事情怎么会变成这样？"

《改革与当责法案》（*Reform and Accountability Act*）中的纾困计划（Troubled Assets Relief Program）执行之际，似乎还是没有人能够为这些钱的流向当责。显然，这些银行的领导者认为，即使纳税人缴税数百亿美元，自己依旧不需要为所作所为当责。更令人错愕的是，取得政府大笔资助的机构，如房地美和房利美（Freddie and Fannie Mae），它们一面挣扎着避免破产，一面却照常领着大笔的红利。政府、华尔街和世界各地的企业界，都陷入严重的当责（Accountability）问题，无论他们是否明白。

当责？人人都在谈论这个问题，股东也要求，纳税人也想要，利害关系人也都坚持。但是，究竟什么是当责？又该如何让人当责？

我们公司——领导伙伴顾问公司（Partners In Leadership Inc.），二十几年来在当责培训课程领域广泛研究世界各国的领导者，而且传授当责管理的课程，因为我们相信无论在个人或组织生活中，对个人、团队与组织的成功贡献最大的莫过于"人的当责意识"。我们作为公司的创始人，开发各种当责管理的方法，帮助许多大型公司的股东创造了数以亿计的财富，并且为数不清的员工提供了充实而积极的工作环境，同时将优质的产品与服务送达客户手中。

然而，在成千上万顶尖企业的领导者与我们共事的过程中，我们总是听到同样的问题：

尽管我们已经尽力让一切按照我们的期望进行，但那些天外飞来的灾难还照常发生，这到底要如何避免？我们要如何改善跟踪的程序，才能得到我们期望中的成果？我们又要怎么做，才不会让人们心怀怨恨，产生抗拒心态，也才不会让他们觉得遭到控制？

为了回答这些问题，我们精心制作了一些让人当责的基本步骤，让每个人都能够以积极、有原则的方式建立正确的期望，并管理"未达成的期望"。这种积极、有原则的当责管理，不仅能启发人心，让人们满意自己的工作，而且能够得到人们期望中的成果。

当组织运用当责管理让人们看见清晰的图像，同时在组织文化里建立每个层级的当责规范时，成果自然而然就能随之而来。

遗憾的是，只有少数领导者能够以正确合理的方式做到这一点。当人们听到这个问题"谁该为这个当责"时，往往就会潜入水中寻找掩护，害怕有人遭到惩罚。使用这个方法的人难免会发现，他们越想推卸责任，情况就越糟。失望感越深，成果也越差。人们都很泄气，或者到头来，觉得自己被出卖了。

前言

当今的职场已经变得很复杂，创造当责的古老方法再也不管用了。新一代工人与参加过第二次世界大战的"最伟大的一代人"、婴儿潮一代人；甚至X一代人都有所不同。如果不尊重世代差异，不采取适合的新式管理风格，就很难期待这些年轻工作者回报给你的是想象中的满怀热诚与努力工作。

佐格比国际公司曾进行过一项全美民意调查（那是美国同类调查里规模最大的一次），结果显示，各企业的管理层何等严重地误用当责管理。

该调查显示，有25%的美国员工形容他们的工作场所充满"专制的气氛"；只有52%的人说他们的上司"善待部属"。觉得他们的同事上班时间"经常或大多数时很带劲"的比例为51%（换句话说，也有近一半约49%的员工上班没劲）。所以，到底问题出在哪里？这些人很懒惰吗？他们在工作中投入太少？他们根本不在乎自己和公司是否成功？或者，只是因为他们不了解如何让彼此当责？不知道如何激励大家获得成果、符合人们的期待？

总而言之，我们几乎可以保证，问题在于让人当责的方法与诀窍是否恰当，而不是他们欠缺动机或不想当责。

真正的当责管理与惩罚无关，也不是为了报复某个无法满足你的期望的人。

到底什么是当责？对某些人来说，当责是一场"表演"，唯有受到威胁，怕自己因为表现不佳而遭受惩罚时，才表现出当责的行为。但是，对其他人来说，那是一种"态度"，一种看待自己处境的方式，无论处境是好是坏，你认为只有自己能为自己的下一步当责，怪罪别人只会浪费时间与精力而已。对我们来说，最真实的当责是一种个人的"态度",可以显示你的真面目。那是一种"存在方式",可以使你和你的团队及组织内的每个人产生力量,使你们能够满足最高期待,甚至更上一层楼。

当责的两面

过去20多年来,与我们合作的客户都想要满足他们的市场、股东、客户和其他所有利害关系人的高度期待。我们协助过各种形式与规模的公司,在它们的组织内采取当责管理方式,使它们获利颇丰,因此,我们确信当责的铜板有两面——一面是让自己当责,另一面是让别人当责。

在我们的第一本书《奥兹法则》中,我们将焦点集中在人们为成果当责的重要性上。《奥兹法则》被认为是一本突破性的作品,其中已经证实有效的当责步骤(Steps to Accountability)及其当责线上(Above the Line)的哲学,都已经开始成为组织建立当责必要的基础,使它们得以组成一支当责工作团队,由上而下深入各个层级。

组织若欠缺这个基础,就很容易看见人们失去个人热情,而那是取得成果的必备条件。他们只会向外追求改变,期待别人去寻找问题与挑战的解决方案。他们看到的都是别人需要改变,却看不到自己需要改变。而能够为成果当责的人会向内寻求改变,采取当责步骤。他们会自动自发、随机应变,全心全意想着"我还能做些什么,把事情做对、做好,取得符合期望的成果"。他们养成习惯,凡事发现它(See It)、承担它(Own It)、解决它(Solve It)、实施它(Do It)。他们知道自己可以克服所有的阻碍,创造自己想要的成果。

前言

我们的第二本书《翡翠城之旅》也有所突破,因为它探索的是组织在创建当责文化时,必须行走的道路。当责文化的定义是,在一个团队、部门或公司内的文化中,人们愿意当责,思想行为方式都是为了获得组织希望的成果。组织清晰定义它期待的成果之后,便能够有效标示达成这些成果所需的文化上的改变。校准这些改变,朝着定义的方向前进,再结合主要的文化管理工具,并实施组织系统所需的变动,便能够加速建立当责文化。

我们曾经和700多家公司以及成千上万的个人合作,实践我们书上和我们的当责培训课程中的模型与方法。我们在与世界各地的领导者、中层管理者和一线员工共事的过程中,很少遇到有人到最后仍不愿意勇于当责获得成果,帮助他们的组织达成目标。我们确信人都会受到有意义的工作的激励,也会想要参与实现一个更远大的目标,而不是只想固守他们自己的工作职责。他们在解决问题、克服困难之后,会有种满足感,而当工作无法达到预期成果时,总会陷入指责、恐惧、冷漠、困惑与沮丧的恶性循环。不过,当展现出积极乐观的态度、拒绝加入这种恶性循环时,他们就会过得比较快乐。

现在,在本书中,除了自己勇于当责,我们还应检视当责铜板的另一面:让他人为成果当责,以克服所有破坏性的行为,因为这些行为已经腐蚀了太多的组织。当试图让他人当责时,你往往会产生后坐力,而伤害你的目标。如今这种情形将不再发生,你也不会再觉得茫然失措,琢磨着还能做些什么,才能让别人根据期望达成任务。你也不会在费尽心思之后,看见结果依然大吃一惊,心想:"事情怎么会变成这样?"

几乎所有计划都免不了有些不愉快的"意外",但是,只要遵循我们在本书中详细说明的当责流程的步骤，你就可以学会如何避免那些出乎意料的祸害，而且会发现当责流程是让人取得成果的关键。

当责流程的方式与步骤，是我们在监管一项后院的建造计划时构思完成的。当时，我们要盖的是游泳池和凉亭，需要几位工人的配合，包括操作工、水管工、电工、建筑工和园艺工人等。不过，所有常见的"意外"都赶来凑热闹——操作工挖坏一段埋在地下的电缆线；而且，一开始，电缆线放在了错误的地方；建筑工找不到搭配房子的薄木板。

尽管发生了这些插曲，但当有一天，后院依旧如期完成时，我们都围绕着凉亭欣赏成果。有一位负责处理混凝土表面的泥水工，从计划一开始就和大家在一起，此刻他靠着附近的一把铲子。

"嘿，"他喊道，"看起来真的很棒！"

的确，当我们站在那儿瞧着完成的产品，回想着过程中我们克服的所有挑战时，大声赞叹："哇！真是不可思议！这是怎么办到的？"

我们轻松愉快地闲聊这个问题，也想象着当人们遭遇一次意外的挫败之后，其实只需一次有效让人当责的成功经验，就能够避免类似的挫败，也能够从此不再像以前一样，经常脸色铁青地问："事情怎么会变成这样？"

过去20多年来，我们收集丰富的故事与个案，用它们来阐释，只要人们能够正确了解及运用当责管理的观念，就可以为世界各地的公司产出成果。你在本书中读到的故事，都出自我们在业务上遇到的真实案例，它们代表着我们曾见到的尝试让人当责的成功与失败案例。

你可以想象，我们有许多客户都有既定的公司政策，无论故事对它们的形象是否有帮助，我们都不能将它们的真实名字用于本书中。这是为了尊重客户并维护客户隐私。

因此，本书案例中提及的名字都使用了化名，包括人名、公司名、行业类别，以为我们的客户保密。其余部分，如故事情节，我们保证确有其事而且如实描述。

有许多案例与故事确实反映了那些牵涉当责的人，也提供了实质的证据，表示我们传授的当责管理确实管用。这些案例包括：一个全美知名的眼镜公司，在组织内用过我们的培训之后，一年之间营业额增长2.14倍；一家大型的运动器材制造商在两个月内，营业额和利润率分别提升13%和66%；一家宠物护理产品制造商的意外事件降低了75%，而且大幅缩短了新产品上市的时间。

当责的人，会得到成果。当责文化，会制造成果。以积极、有原则的方式让人当责，保证会产生成果。

当责流程

我们花费了许多时间和精力，才能掌握如何以积极、有原则的方式让人当责，我们将这些方式浓缩成一系列简单的步骤，称为当责流程（Accountability Sequence）。当责流程分为外环与内环两部分。本书的前半部（第1章至第5章）将介绍外环，也就是你与那些你依靠他们达到目标的人之间，形成期望、沟通期望、校准期望与检视期望的领域。

【当责管理模型1：外环：设定期望】

外环
形成期望
沟通期望
校准期望
检视期望
设定期望

注意，外环谈的是设定期望，设定与维持我们和他人之间的当责关系，同时建立基础，进而真正又有效地让人当责。

在本书后半部（第6章至第10章），我们提出内环，你将进入当责对话（Accountability Conversation）的领域，决定如何管理未达成的期望。

【当责管理模型2：内环：管理未达成的期望】

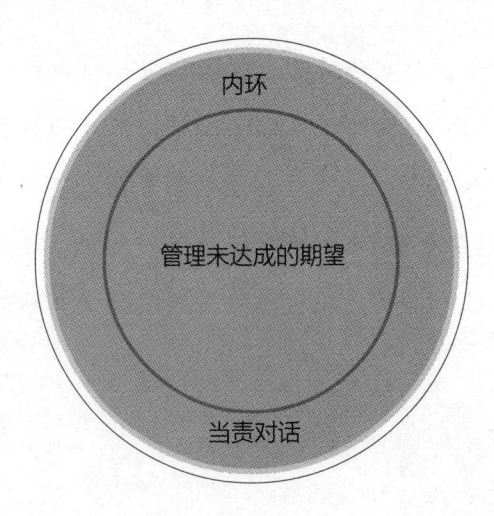

内环
管理未达成的期望
当责对话

在当责对话中，你必须面对无法交付的四大主要原因：动机不足、培训不足、较低的个人当责意识、缺乏效能的文化。利用正确的方案（较强的动机、有针对性的培训、较强的个人当责意识、更正确的文化）解决这些问题，就可以扭转劣势，成功交出达成期望的成果。在这些章里，你会发现一整套实用的工具，用来帮助那些你赖以解决问题的人，让他们实现你的期望。

【当责管理模型3：内环：四个解决方案】

内环

激励动机　提供培训
改变文化　创造当责

四个解决方案

这个完整的模型是个概要，代表我们将和读者一同学习的本书内容。从外环走到内环，你将学会如何比目前更有效地让人当责——也许好过你过去的想象。

当责流程的模型显示期望与当责之间有着密切的关系。事实上，我们终于了解，期望与当责是密不可分的。在每个正常的日子里，我们都会让许多人满足我们的期望，如同事、上司、组员、部属、供应商，甚至客户。当你了解期望与当责之间不可分割的关系时，就会开始发现让人当责的秘密。

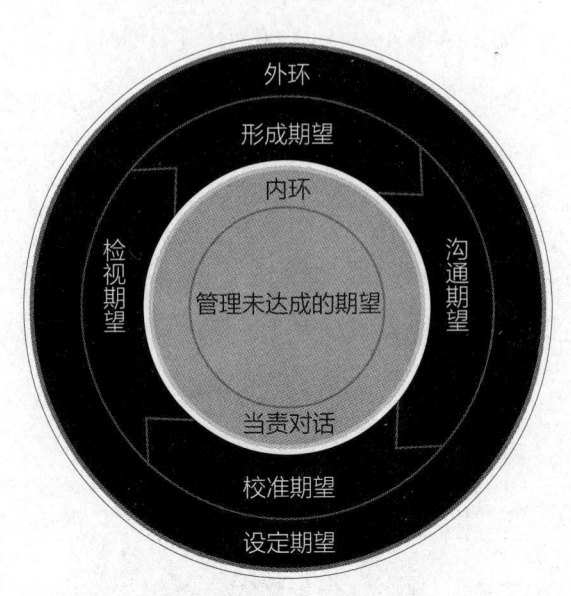

【当责管理模型4：当责流程】

外环
形成期望
内环
检视期望
沟通期望
管理未达成的期望
当责对话
校准期望
设定期望

试想："你要让别人'为了什么'而当责？"

我们认为，大多数正在阅读本书的人都会正确地回答："成果。"

我们也认为，你说的"成果"的意思是指"期望别人交出你想要的成果"。

说穿了，当一天下班时，你只会让别人当责一件事——你对他们的期望。无论你的期望是要某人准时交出一份报告、这一季要有好的业绩、根据某个规格做出一项产品，还是在这一天的某个时间送交一个零件，它们全都是期望，都是你需要别人为你做到的事。管理那些期望的流程，就是要求他们当责。以积极、有原则的方式要求他人，不仅能够得到成果，而且能够提升个人与组织的士气。

积极、有原则的方式

本书提供各式各样的工具，让你能够通过别人获得成果。这些工具能让你看见，如何更有效地让你依赖的人满足你的期望。它们让你明白如何让他们当责，如何激励他们，给他们支持与鼓励，帮助他们获得你想要的成果。外环的每个步骤都会提供一个关键工具，让你直接轻松地应用在工作上。

在后续的章节里，你会发现很多有用的秘诀，让你知道如何成功地执行外环与内环的每个步骤。每个步骤都包含各式各样有用的工具。例如，当责管理的图解模型、自我测试、检视清单、秘诀，以及实况检查。看完每一章之后，你就可以将某项法则或实务应用到你的工作中。它就是那么实际、不可或缺，又好用。在今日复杂又快速变化的商业氛围里，让人当责可能是任何有意获取成功的人的基本哲学；但是，如果你欠缺一个坚实而步步为营的方法确保你的成功，那么保持这种哲学根本毫无意义。

本书将给你提供全面的方法，找到让人当责的诀窍。你会发现，本书中有许多模型、练习、工具、秘诀与案例，它们可以帮助你和你所依赖的人取得成果、迈向成功。

我们认为，最容易获益的方法，就是花时间时常回来审查与练习外环或内环的某一个步骤。本书并不是让你读过一次，觉得掌握了所有的概念就够了，而是邀请你花时间复习外环或内环的每个步骤，用我们提供的工具去应用它。

在每一章的当责实况检查中，都有一个应用的建议。我们建议你，不要只是瞥过这简单的段落，而是要花时间用它来做实验。这么做可以让你马上应用每一章介绍的那些法则，看它们对你的日常工作有何积极的影响。

在每一章最后，我们会以小结的方式，归纳本章的主要概念与实用技巧。小结的标题为"积极、有原则的方式"，它会提醒你本章介绍的工具与方法，使让人当责的过程不仅"积极正面"，也"有凭有据"。各章中的概念、模型、哲学、方法与秘诀都是一些法则，让人们觉得你执行当责的方法是公平合理、可预测且有诚信的。当人们体验到这种当责管理时，他们自己也会愿意全心拥抱它。

当责流程的外环和内环技巧此时此地就可以帮助你，让所有和你合作的人当责，做好你需要他们做的事情。如果你把当责变成你的标准作业程序，只要你的方法正确，他们也许不会知道你是怎么做到的，但是，他们会知道有些事情确实发生了改变——或许，他们乐见你们之间的关系变得较为和谐又有效率；感受到每件事情的重点都很清楚，不必费时揣摩或费心猜测你的想法。而且，他们对于工作的态度会更主动，也更能够交出你期望的成果。

最后，当一天的工作终了时，伴随坏消息与零成果而来的惊讶与失望将完全消除，你再也不会沮丧又不解地问："事情怎么会变成这样？"

目 录

第1章　外环：设定期望　　001
　　流程的艺术　　002
　　外环的三个通则　　007
　　我怎么会让事情变成这样　　008
　　当责关系　　012
　　当责风格　　015
　　当责实况检查　　021
　　外环　　021

第2章　形成期望　　025
　　最佳期望　　026
　　期望链　　031
　　形成期望　　034
　　FORM检查表，测试你的主要期望　　037
　　形成期望的"风格"　　044

	当责实况检查	046
	当责流程	047
第3章	**沟通期望**	**049**
	命令、控制、失败	050
	"为何-何事-何时"法则	056
	用自己的风格沟通"为何-何事-何时"	071
	当责实况检查	073
	再一次"为何-何事-何时"	074
第4章	**校准期望**	**077**
	完全校准表示相应一致	078
	完全校准连锁反应	080
	侦测完全校准的线索	083
	搬动巨石	084
	校准对话	086
	校准会议	098
	当责实况检查	099
	校准风格	100
	心灵和头脑	101
第5章	**检视期望**	**103**
	检视你预期见到的一切	104
	让人们准备好接受检视	107
	看视模型	120
	信任，但是要证实	128
	当责实况检查	130
	检视风格	130

	管理未达成的期望	131

第6章　内环：管理未达成的期望　　　　　133

未达成期望的实况	134
"不适合的人下车"，并非永远都有道理	138
现实窗口	142
解决未达成的期望	150
当责对话	153
当责实况检查	157
内环运作的风格	157
内环	158

第7章　激励动机　　　　　161

如果动机是解决方案	162
只投入"手和脚"，却没运用"心灵和头脑"	165
寻根溯源	172
抓住心灵和头脑	178
保持事业的活力	186
当责实况检查	188
激励风格	188
动机驱动培训	189

第8章　提供培训　　　　　191

如果培训是解决方案	192
要有意识，维持觉察	196
培训启动器	201
培训加速器	207
当责实况检查	213

XIX

	培训风格	214
	培训建立当责意识	215
第9章	**创造当责**	**219**
	如果个人当责是解决方案	220
	管理当责流	228
	当责态度	233
	当责悖论	237
	当责实况检查	242
	运用当责的风格	242
	当责文化	243
第10章	**改变文化**	**247**
	如果文化是解决方案	248
	当责文化	254
	组织诚信的三个核心价值	262
	当责实况检查	269
	当责文化风格	269
	内环	270
结 论		**273**

第1章

外环：设定期望

流程的艺术

从媒体的报道或从我们周遭的客户身上，我们每天都会看见或听见许多深刻影响到个人与组织的案例，归纳之后发现，大多都是"无法让人当责，满足特定期望"。我们可以运用当责流程的外环去检视当时的状况，进而说明究竟发生了什么事情，这个做法几乎万无一失。

案例：卡特里娜飓风的启示——谁该为天灾负责

2005年8月的卡特里娜飓风造成1200多人罹难，重创新奥尔良和墨西哥湾沿岸，风灾过后满目疮痍，大多数旁观者都认为美国政府在灾区的善后能力太差。它没能及时救助成千上万暂栖于新奥尔良路易斯安娜超级巨蛋的灾民，因而成为全球的头条新闻。美国政府对风灾的整体反应究竟哪里出了问题？国会调查的结果揭露了许多原因。

我们看见了茫然、怨恨与指责，那是每当人们必须为满足期望负责，而那些期望又未经定义清楚时，自然伴随而来的情绪。

2004年7月，在卡特里娜飓风发生之前大约一年，州、市与联邦政府共同举办了一项海湾地区的演习，名为帕姆飓风（当时定位为三级飓风），其设计是为了模拟测试新奥尔良的居民面对"假设灾难发生"的集体反应，其中包括撤离100万人，处理堤防溃堤及成千上万房舍遭到损毁的问题。有位旁观者事后回想起来，觉得那次演习"先见之明到令人毛骨悚然的程度"，因为它预告了卡特里娜飓风来临时将发生什么事情，准确度十分惊人。

在风暴横扫新奥尔良之前，美国国土安全部奉命负责联邦的国家应变计划，该计划旨在确定优先事项，并在紧急情况下将权力下放给

第1章 外环：设定期望

应对重大危机的地方、州和联邦机构。在卡特里娜飓风真正重击海岸之际，国土安全部部长迈克尔·切尔托夫任命当时的美国联邦紧急事务管理署署长迈克尔·布朗为应对卡特里娜飓风的首席联邦官员。切尔托夫称布朗是他的"地面战场指挥官"。

这项派任的决定，加上不清楚的期望，开启了一系列连锁反应，最后成为那十年里最严重的"任命大劫"（delegation disaster）。切尔托夫在众议院灾难调查小组面前首次露面时说："我知道我对救援行动不够投入，我必须更用心，超越平时的预期或想要做到的程度……我不是飓风专家。我得依赖别人去执行计划的细节。"

卡特里娜飓风究竟如何使切尔托夫的组织招架不住呢？切尔托夫的解释是，即使州和联邦的资源充沛，足以让他的团队解决面对的问题，但是他及团队扮演的角色与制定的决策都很混乱，加上信息与来自灾区的报告互相矛盾，使得他和他的团队寸步难行。

回顾在悲剧发生之初的数小时之内，就有若干明显可辨的征兆显示，期望将要落空。众议院与参议院的报告指出，布朗怨恨他的上司切尔托夫将首席联邦官员这个差事指派给他，而且，他并不相信这位部长。

美国国家气象局在飓风来临之前，就做过视频报告（它预测的卡特里娜飓风登陆的地点、时间与强度都只有一点偏差），而且既定的流程是，在飓风登陆之前48小时就必须任命首席联邦官员，但是切尔托夫这位部长在卡特里娜飓风登陆之后36小时，才任命布朗。此外，既然联邦紧急事务管理署不是大型应急的一线组织，它的组织方式与配备也不足以应对这般大型灾难所需的诸般任务——联邦紧急事务管理署在全美各处一共只有2600人。在飓风登陆的第二天，这位部长并没有将工作重点放在这项眼前的挑战上，反而去亚特兰大参加一项有关禽流感的研讨会。结果，政府将众议院的报告定位为五级飓风、一级反应。切尔托夫部长终于承受不了沉重的压力，而撤换布朗，改派他人担任首席联邦官员。到头来，布朗辞去了联邦紧急事务管理署署长的职务，众议院与参议院则开始调查究竟哪里出了问题。

切尔托夫部长究竟哪里做错了？运用当责流程的外环彻底审查他的行为我们就会发现，他并没有为布朗和其他该为这项灾难负责的人建立足够的期望。假如他能够形成、沟通、校准与检视他的期望，正确的人就会在正确的位置上，运用正确的资源，在正确的时刻处理这起重大事件，而布朗、联邦紧急事务管理署和每个相关的人，也都会比较妥善地安置新奥尔良的居民。

事实上，如果切尔托夫部长规规矩矩地走过外环的步骤，他也许就会另请高明，而不会找上不情不愿的布朗处理这件事。他想依靠布朗交出符合期望的成果，但布朗失败了，这使切尔托夫陷入困境，那是所有无法有效设定期望的人都会沦落的处境——切尔托夫必须背黑锅，回答期望落空、表现失败与结果凄惨的问题。

【当责管理模型1：外环：设定期望】

第1章 外环：设定期望

要想让人当责并满足我们的期望，而且做法还令人愉快，就得下功夫学习所需技巧。其实，这个流程本身很简单。只要仔细走过外环的每个步骤，就能够培养出所需技巧，让你学会积极、有原则的方式，然后就能够产出可预测且令人满意的成果，从而不再感到迷惘或者不知道人们该做些什么。

针对这些符合逻辑又有深意的步骤，许多人不会花时间逐一遵循。他们期待人们去填补空白继续向前，而不管目标是否清晰，只希望人们能够兵来将挡、水来土掩。谈到当责，他们想到的是，有人掐住别人的脖子，怒问："事情怎么会变成这样？"

他们的经验显示，所谓让人当责，指的就是恐吓威胁、嘶吼怒骂、分配惩罚。他们未能有效采取外环的步骤，导致无法为自己的失败负责，结果是找别人顶罪，为自己的行为找借口。

他们这么做的目的，就是让自己沉浸在一个渐进破坏的过程中，希望自己可以脱身，让别人成为指责的焦点。这个过程包括四个熟知的步骤：发现、寻找、打乱、隐藏。这四个步骤不定时地发生在大多数组织中。

遵循这些步骤的人首先试着去发现"究竟出了什么状况，并指出'失败'的本质是什么"，然后开始寻找有罪的各路人马，将现状打乱之后，设法从一个恶劣的处境中找出最好的方面，最后隐藏事实，希望没有人能够想清楚这里面的错误有多严重，并找别人问责、究责。

遗憾的是，在当今的组织中，人们经常以为发现、寻找、打乱、隐藏就是让别人为后果负责的方式。

根据人们在公司工作中的经验，大多数人都会说，所谓"让人当责"，就是"跟踪哪里出了错，以确保人们对自己的失败做出解释"。

根据我们自己的定义，"当责"指的是，在事情出错之前，运用当责流程中的外环步骤，以实际而有力的方式让人们产生力量，进而让影响结果趋于正向。"让人当责"的意思是，"运用积极、有原则的方式，有效形成、沟通、校准与检视一项期望的完成，让人们能够在现在与未来得到成果"。

然而，这并不只是一种抽象或自我感觉良好的字典式定义。实施这个步步为营的流程之后，我们自己和世界上许多客户都发现它的效果极佳。当你运用当责流程令人们负起完成期望的责任时，你赢了，客户赢了，组织内每个利害关系人也都赢了。如果切尔托夫部长和他的团队用了这个方法，他们自己、他们的组织，以及该组织服务的人就不会发生那么多惨状。

我们开发的这套让人当责的方法，来自一个深刻而久远的哲学，因为当责在这世上确实重要，我们已经把它运用于日常业务中。你必须学会思考如何让别人以正确的方式负起责任，但你也必须将它当成一个实际的技能，只要专心一致地努力练习，时间久了，技巧自然更加高明。刻意走过这个流程，一步一步来，就会让人们知道需要做什么，看待此事的角度也会和你一样，以便交出你期待他们交出来的成绩单，不止一次，而是每一次。

外环中的每个步骤，以及每个步骤中的方法，都有一个基本模式，让你可以为每个人量身定做一个适合他的方法。我们必须说明，尽管我们努力将当责变成一种科学，但是在"艺术"的部分还是有许多空间的。要想掌握这个流程的艺术，就必须学习和人们共同使用一个适合你们的架构，让它适用于整个状况与情境，以便产生成果。无论在基本主题中可以演奏出多少变奏曲，你都必须先彻底了解其中的原理，才会有前进的基础，才能成功地走过外环的每个步骤，才能用积极、有原则的方式让人当责。

外环的三个通则

外环的三个通则作为基础，让你可以用积极、有原则的方式，令别人负起责任，同时这三个通则也分别是三个阶段，让你可以踏上外环的各个步骤：当责谬误、当责假设与当责真相。

当责谬误

第一个通则是当责谬误，它代表人们普遍会犯的一个错误，认为别人之所以无法按部就班行事，是因为他们有问题。这个错误的想法很容易在我们大多数人身上出现，因为过去我们清楚地看到种种例证，总是能找到一些代罪羔羊，说他们不够用心或不够努力，才会做不好我们期望他们做到的事。

当领导者陷入当责谬误时，他们不仅认为身边的人有缺陷，还觉得自己除了惩罚别人，也无法改变那些缺陷。其实，真正的当责，总是需要我们开始回头看看自己，寻找是否可能遗漏了什么。

当责假设

第二个通则是当责假设，它让你无论在什么情况下，都会以一个假设作为出发点，即人们是在尽其所能完成你的期望。你只要始终如一地应用这个假设，就会将这趟让人当责的旅程导向积极、有原则的路上。只要你开始假设别人最糟的方面，就很可能看见他们最不堪的行为（更别说是你自己的行为）出现。

当责假设会让你开始发现，人们就跟你一样，希望事情可以运转良好，而且会尽全力使其成真。当责假设不仅能够显露最好的你，而且能够正确反映出你的共事者的真实面貌，很少会有例外。

当责真相

当责真相是前两个通则的基础。当人们未曾达成期望时，这个通则会让你比较有效地检视问题。所谓"真相"，指的是当状况出现时，通常是"我"的工作出了问题。当你全心接受这个通则时，就可以控制未来的结果，并且随时提高自己让人当责的效率。以这种方式思考与行事，就可以产生更好的成果。你会更有能力通过他人的力量成事。当你发现自己是问题的一部分时，就会愿意加入这个团队，尽你所能解决问题。

我怎么会让事情变成这样

当脑海里有了当责真相时，你就可以想象，只问："事情怎么会变成这样？"这个问题通常不会产生有效的对话。当然，了解什么地方出错是很重要的，但是，这个问题通常会把责任完全归罪于那些无法交付的人，以致让你几乎看不到你可以做什么来让事情运转良好。那就是为什么当你觉得人们让你失望时，你应该考虑提出一个比较好也比较有效的问题："我怎么会让事情变成这样？"

多出来的"我、让"两个字，会让情况大不相同。

首先，加上"我"，就会把等式的重心，从别人的错、别人没做到的事，转移到你自己可以多做什么，进而改善现况。

第1章 外环：设定期望

"事情怎么会变成这样？"这个问句，会让你逐渐淡出画面，仿佛这个失误与你无关。

一旦负起失败的完全责任，就会让自己有力量通过别人做得更多。你应用外环步骤时的效益（或欠缺效益），会严重影响到每个工作者的整体成就。

事实上，过去几年来，在我们遭遇的许多案例中，我们时常发现，设定期望的人，让别人负起交付责任的人，对那些没有交出成果的结局其实是有"贡献"的。大多数时候，只要他们能够比较有效地走过外环的步骤，就可以避免失败，把事情做得更圆满。我们并不是说，造成失败的人是他们，而是指他们在形成、沟通、校准与检视期望时，做得不够好。

案例：有责任却不作为的自我审查

组合组件公司的首席执行官吉姆·西蒙斯迫切需要资金以完成该公司一个阶段的成长，因此，他必须对外界提出要求。这项任务需要他四处奔走几个星期，四处演讲说动潜在的投资者，因此他希望自己不在的这段时间里，他的管理团队可以让公司正常运作，满足市场的期望。

他草拟了一份非常动人的讲稿，指出公司最主要的产品是一项已经申请专利的项目，它可以革新糖尿病的治疗，确保公司光明的未来。在波士顿向一群投资者进行的看似广受好评的演讲中，他收到了一套由第三方生成的财务报表，与他刚才对这群投资者所说的话竟然完全相反。

他相当震惊，又觉得很难为情，但他确信这份财务报表一定有问题，于是他搭乘下一班飞机，飞回圣路易斯市，找来他的团队召开紧急会议。

"我不敢相信有这种事！"他大喊着，"一定是哪里出错了！"

他的手下胆怯地承认，其实没有错。该公司并没有达成西蒙斯期望的成果，那是他在过去几个星期以来，自信满满地对着金主们大吹大擂的成果。

西蒙斯觉得这真是糟糕透顶。他绕着桌子，要他的团队解释来龙去脉。他一面听着他们的说明，一面不断摇头，完全不可置信。

"事情怎么会变成这样？"他想知道哪里出了问题。

西蒙斯的团队给他的回答是，他们不想在他外出奔波筹资时打扰他。他们慷慨激昂地为自己的行为辩护，说他们知道公司的未来全靠西蒙斯能够成功募得资金。他们进一步为自己的行为辩解，跟西蒙斯说，他们已经尽力解决公司面对的问题，也交出了期望中的成果。

西蒙斯无法相信自己的耳朵——即使人们不断报告一切都在正常运作，竟然还是出了状况！

西蒙斯忍不住回想自己究竟哪里出了问题。他仿佛自言自语地说，他的注意力是否可能真的被转移了，最后造成他看不到公司里确实发生了什么事。

他承认他们这一行的变化非常快，但是该公司的剧烈改变还是让他十分吃惊。反省之后，他开始明白，自己不断送出的信息，就是他只在意一件事而已——保住公司的资金来源。

事实上，他想起自己曾经多次跟管理团队的不同成员说过，他不想参与某些运营层面的问题。因此，当他不在办公室时，他们必须自己想办法解决面临的问题。

第1章 外环：设定期望

在检视他们制造的一团混乱之际，他的深刻反省，帮助自己负起属于自己的一份责任；更重要的是，帮助他明白自己需要有些什么不同的举动，才不会重蹈覆辙。

试着将你自己纳入当责等式中，并且在借助他人成事之际，接受自己应扮演的角色，这将会使你收获颇丰。

【秘诀：五则当责等式】

1. 创造更积极的关系，让人们觉得你对他们是公平的，你承认事情的完整经过，而不只是强调他们做了什么或没做什么。
2. 当情况出错时，帮助你从经验中学习，因为你不再把失败的原因完全归罪于别人。
3. 让达成期望的过程回归正轨，因为你愿意客观地看待"你还能做些什么"，以确保现在与未来的成果。
4. 培养一种文化，让团队里的每个人都可以跟随你的脚步，成为解决方案的一部分，而不是问题的一部分。
5. 建立积极的工作环境，让人们尽最大努力，因为他们觉得受到了正确公平的原则所激励。

这是你个人投资的巨大回报。加上"我、让"，就可以使你看待问题的角度或犯错的方式大不相同。你原本以为自己已经尽力确保期望中的成果能够实现，结果人们还是无法交付，在这种时候，这两个字可以让自己不会太惊讶。这并不表示我们在期望未达成时，不会仔细检视别人做了些什么。事实上，那是内环"当责对话"希望达成的目标，这是我们在本书下半部分将讨论的内容。将"我"放进等式中，可以让你评估你让人当责的程度，并且确定在哪些方面可以提高自己的能力，以帮助别人达成你的期望。

当责关系

当你和共事的人分享有意义的经验,以及与他们建立工作关系时,就是在和人们建立"关系"。由于你具备让人当责的经验,因此你和每个人都会建立一种独特的关系,我们称之为当责关系。

这些关系是基于人们和你之间的直接与间接的经验,这些经验可以是正面的,也可以是负面的。你和他们之间的每一次当责对话,都会更强化彼此正面或负面的关系。

如果有人觉得你对他们不公平,他们无疑会认为这个关系是负面的。如果他们认为你对他们很公平,而且能够支持他们,他们就能够视之为正面的关系。

这些经验会随着时间而累积,在你运用外环步骤设定你对人们的期望时,将大大影响他们对你所下的功夫的反应。大多数人直觉上知道当责关系是正面或负面的,但是很少人会留意如何有效管理它。

深入觉察你的当责关系,可以在你努力形成、沟通、校准与检视你的期望时,产生很大不同。你的关系越正面,你就越能够成功地让他人负起责任。表1-1是"我的当责关系表",由于篇幅有限,因此我们在这张表上只列出五行,但是你可以根据自己的情况增加行数。

表 1-1　我的当责关系表

写下和你有当责关系的人名。

1. _____
2. _____
3. _____
4. _____
5. _____

现在花点时间思考你和当责者之间的关系状态。要做到这一点，我们列出了五个问题，让你可以去问问和你共事的人，帮助你判断你和他们之间的关系是正面的还是负面的。

在你说明当责关系的概念之后，问问他们：

【秘诀：五个提问，了解当责关系】

1. 整体而言，你觉得我们的关系是好还是不好？
2. 如果我们的关系不好，以1分到10分（10分是最糟）来说，你会给它几分？
3. 我做了什么才让你觉得我们的关系不好？
4. 你觉得它不好的频率有多高：总是、有时或很少？
5. 你能否建议一些方法，让我可以改善你我之间的关系？

开启这类对话让你可以探索任何当前和重要的不良关系。比较小型的不良关系，例如，"我认为日常多一点礼貌，会让人们对他们的工作感受好些"。还有可能造成灾难的，例如，"我怕遭到报复，所以当出了问题时，我不敢大声说出来"。你在审查自己和别人的当责关系时，要考虑那些往往可以透露不良关系的线索。

【秘诀：七个线索，检测不良的当责关系】

1. 当你和人对话时，从眼神中就可以看到对方的沮丧感。
2. 你注意到，你都还没进入主题，他们就已经开始找借口了。
3. 有关他们和你的工作关系，你几乎听不到什么好听的话。
4. 你体会到，当事情进行顺利时，他们会很自在地谈话；当情况不对时，就会守口如瓶。
5. 你可以感觉到他们在躲避你。
6. 你等不到他们主动报告进度。

7. 你发现你们之间的对话通常集中在什么事情运作不良上。

如果你检测到两三个这类线索，那么无论某人如何号称他们和你关系良好，也还是有可能阻碍你让他们当责的能力。

有趣的是，人们对于让人当责的事还是多有疑虑的，这种情形并不罕见。我们有一个客户，她是在一般组织中常见的一个代表人物，我们请她描述她的组织让人当责的程度。

她说，在她公司里，有些人在这方面做得很好，有些人做得还可以，有些人则做得很糟糕。我们询问为何有些人表现不佳时，她回答：“有35%是能力问题（他们就是不擅长）；有25%是担心自己如果这么做，不晓得会发生什么事；有20%则是彼此关系不佳；另外20%则是不清楚人们到底该为什么负责。"

通过对其他客户进行的非正式意见调查，也证实了这个现象，这帮助我们列出了无法让人当责的五个最主要原因。

【秘诀：无法让人当责的五个主因】

1. 害怕冒犯别人或伤害人际关系。
2. 觉得自己没有时间有效跟踪。
3. 不相信这么做就足以使情况大为改观。
4. 担心让人当责会使他们暴露自己的失败。
5. 不愿引起任何可能的报复。

一项针对离职员工的调查显示，25%的人认为他们是因为"无效领导"而离开的，另外22%认为他们因为和上司"处不来"而辞职。但是，几乎有一半的人说，他们之所以离开组织，是因为和上司之间的"当责关系不佳"。

第1章 外环：设定期望

　　试想，找一位替代员工必须花上三倍薪水的成本。我们认为，组织如果不面对这个问题，无法逆转现有的不良当责关系，就会付出很大的代价。不良的当责关系造成的代价，无法单独用金钱来衡量。而且，这些不良的当责关系也会伤害到个人、团队与整个组织的士气，使得组织很难完成任何一件事，而且它会使得每个牵涉其中的人倍感压力，造成人们带着它所有的不良后果，进入抗拒的模式之中。

　　扭转不良的当责关系，能让你和人们在外环中的合作效益更高。这么做会大幅提高你走过那些步骤的能力，让你可以用积极、有原则的方式形成、沟通、校准与检视你的期望。

　　如果我们重新审视本章开始遇到的吉姆·西蒙斯，我们敢打赌，吉姆从对那些和他合作最密切的人（他的首席财务官、全国销售经理与制造部门的副总裁）的评估中也许会发现，他们之间的关系不够好，这或许有助于说明，为什么他们没有达成目标，团队成员的态度也不积极。要记住，评估你们的关系有助于预先消除潜在的问题，让它们不至于继续发展成未达成的期望。

当责风格

　　假如你就像我们所知的大多数人，当你需要建立你的当责关系、让人当责时，你就会有自己的管理风格。在一个连续谱的两个不同方向中，你自己的当责风格会体现其中。这个连续谱描述的是我们向来看到的两种当责风格的极端：控制与强迫，以及等待与旁观。

【当责管理模型5：当责风格连续谱】

```
控制              等待
强迫    ⟷        旁观
```

这两种风格形成对比，极左的领导者用的是传统的"控制与强迫"的管理风格，像将军一样指挥部队走向胜利。为达成目的，他们需要用上等级的力量，让好事成真。相对地，极右的人，有时候会竭尽全力，事必躬亲，而未能让别人充分参与。

也许你认为自己并不属于这两者之一，但是，你其实很可能就是，至少就某个程度上来说。每个人，或多或少都具备某种当责风格，也会比较偏向这两类人中的一种。不过不用担心，因为这两种风格都没有对错，也都各有优缺点。但是有一点很重要，你必须了解自己的当责风格，以及它可能如何影响到你执行外环步骤的方式，否则你就无法改善自己让人当责的能力。

现在，花一分钟时间，填写下列的自我测试，了解自己的当责风格。

【自我测试1：我的当责风格】
对以下十个问题，回答"正确"或"错误"，自我测试你的当责风格：
＿＿1. 我时常发现自己等着别人来汇报。
＿＿2. 我发现自己经常因为别人没有信守承诺而责怪他们。
＿＿3. 我发现自己时常在想别人是否做了我要求他们去做的事。
＿＿4. 别人错过截止期限时，我的反应会有点吓人。
＿＿5. 人们没有完成任务时，会发现我很容易让他们过关。

第1章 外环：设定期望

____6.	当为了让别人能够完成我的期望而跟踪他们的工作时，我是很无情的。
____7.	我会很轻松地把工作交出去，却没有紧迫盯人，因为相信人们会把事情做好。
____8.	人们往往感觉到我对他们的要求太多。
____9.	我时常假设人们会做到我的要求，却没有检查这个假设是否正确。
____10.	经常，我必须"追着"人们给我一份现况报告。

这项评估的计分方式如下：

【当责风格计分方式】

得分	你的当责风格
假如大多数"正确"的答案都出现在偶数问题，你的风格是：	控制与强迫
假如大多数"错误"的答案都出现在奇数问题，你的风格是：	等待与旁观

你落在这个连续谱的什么地方？假如你并未在任何一种风格上得到很多分，也许你是在两者上都各花了一些时间。然而，我们大多会偏向其中一种风格，因此，你可以问一些了解你且对你坦诚的人，你也许会比较清楚自己的风格。

你可以看到，你的当责风格会显示，每当你无法有效让人当责时，也许你犯的错误不是强迫实现（控制与强迫），就是没有进行跟踪（等待与旁观）。两种当责风格都有优点（见表1-2）。

表1-2 两种当责风格的优点

控制与强迫的优点	等待与旁观的优点
情况不对时会采取行动介入	坚定地支持他人
持续不变地跟踪	强调给人自由

续表

控制与强迫的优点	等待与旁观的优点
不轻易放弃	非常相信他人
确保定期的报告	介入的步调极为谨慎
让他人知道你的期望很高	对他人忠诚,且给予支持
聚焦于手边的任务	在采取介入行动之前,会再三考虑

两种当责风格也都有严重的缺点(见表1-3),这些缺点迟早会让你头痛万分。

表1-3 两种当责风格的缺点

控制与强迫的缺点	等待与旁观的缺点
对别人产生威胁	避免使用积极的方法
对坏消息反应过度	保持距离到令人惊讶的地步
倾向于"强迫"事情实现	误以为事情顺利进行
愿意牺牲关系以获得成果	不经常跟进
抗拒以人为主的方法	倾向于不介入
对别人不够信任	设定较低的期望

你的独特风格反映的是你的基本个性,它会大大影响你如何让人当责。事实上,当必须要求别人完成工作时,你的风格会起到很大作用。工作中,我们随时都会看到这一点。

案例:相信人性本善,却遭到背叛

与我们合作的一位企业家约翰是一位首席执行官,他展现了所有等待与旁观的风格:强烈的人本倾向,充满信任,偏好赋予自由,加上不愿意太早介入。然而,组织内的人认为,他并没有设法让国际营销部副总裁罗伯特负起责任。事实上,大家觉得约翰让罗伯特肆意妄为。

第1章　外环：设定期望

罗伯特在工作及人际关系上是一个自私自利、特立独行又难以相处的人。这种状况使得公司里的一个重量级人物认为，约翰"给他（罗伯特）绝对的权力，因为不需要负起责任"。

最后，罗伯特将他的国际营销部搬到巴西，他在那里保持独立而自我中心的行事方式，约翰未曾采取任何行动去纠正问题，只是希望情况会自动好转。

接着，状况急转直下，事情终于曝光。原来，罗伯特是在使用公司的资源，和他在巴西的好友做一些第三方的制造与营销，所得利益中饱私囊。

当然，约翰觉得自己相信人性本善，竟然遭到背叛。

忠诚？罗伯特完全没有表现出来。约翰对罗伯特的信任？全毁了。

将约翰和另一位企业首席执行官乔安妮相比，你就会发现两人形成了明显的对比。

案例：咄咄逼人，扼杀忠诚度

乔安妮创立了一家软件开发公司。乔安妮成功的原因在于，她在团队中，总是属于聪明的一方，而且任何地方有需要，她都会全力以赴。

她不惜越过层级，直接走进某人的办公室，以确保项目如期进行，一旦出现问题，就会去解决。她对技术非常熟练。她所做的一切都是为了取得成果，不遗余力地就任任何问题向任何人提问。这种方式似乎对她很有效，直到一次并购之后，她接手了一个较大的组织，该组织出自一家获利颇高、成长步调却较为缓慢的公司。

乔安妮总是咄咄逼人，缺乏耐性，她矫捷利落地去除障碍，迫使该组织转变为运作快速的模式。对于该组织来说，感觉就像是"乔安妮台风来袭"一般——乔安妮所到之处横尸遍野，只剩下少许幸存者，几乎没有丝毫忠诚或信任可言。

在很短的时间内，乔安妮铲除了一切旧有文化，并建立了一个恐惧的环境，在这里人们不敢尝试任何新的事物。所有的决策都在乔安妮的掌控之下，忠诚度创下新低。

这家公司确实朝它的目标前进了一些，只不过，在那个要求光速的市场里，它却在以龟速行进。

想一想：两位不同风格的首席执行官，反映的是连续谱上的两个极端，在两个场景中，风格的缺陷限制了领导者让人当责的能力，使他们无法形成有效的期望，也无法妥善跟踪，以致人们无法在成事之余，在一日终了还能拥有良好的感受。

认清并了解自己的当责风格，是你在外环旅途上最好的开始。了解之后，不需要因为自己的行为方式而感觉"坏"或"不对"，而是可以开始调整自己的行为，让自己站在连续谱上的一个最理想的位置。我们将连续谱上的那个点标示为"以积极、有原则的方式让人当责"，而且我们认为它结合了两种当责风格的优点。

【当责管理模型△：以积极、有原则的方式让人当责】

| 控制
强迫 | → | 以积极、有
原则的方式
让人当责 | ← | 等待
旁观 |

在连续谱的中央，你会发现一个更慎重且更有条理的方式让人当

责。那是遵循当责流程外环步骤行事的结果。无论你的风格如何，无论你目前让人当责的效果是好是坏，遵循这个流程，你就能比较有效地发挥两种风格的优点，同时避免它们的缺点。

我们在当责流程的每个步骤里会指出你在执行该法则或工具时，这些风格将如何影响到你的执行能力。由于这些风格会强烈影响所有走上内环与外环的人，因此我们沿路提供暗示、建议、提醒、警示与推荐，以助你妥善发挥自身风格的最佳优势。

当责实况检查

在每一章，我们都会鼓励你花时间将你的所学应用在日常工作中。当责实况检查会提供一些实用的练习，测试你的学习成果，同时提供可能有用的洞见，让你明白如何改善自己让人当责的能力。

试一试这么做。重返你在本章前面填写的当责关系表，根据"无法让人当责的五个主因"，考虑你列在表上的每个人。这些原因适用吗？如果适用，就把该原因的号码写在那个人名旁边。在你完成每个关系之后，试着看看是否有个模式出现或每个人的原因都有所不同。

你会避免令某人当责吗？如果会，你可以如何改善？我们和许多跟你一样的人共事过，越来越确信走过外环就可以大致处理所有的障碍，创造一个舒适的环境，让大家（包括你自己）都能够运用积极、有原则的方式，有效让人当责。

外环

当我们将外环介绍给人们认识时，他们大多表示赞同，因为那就像基本常识。对大多数人来说，形成、沟通、校准与检视期望的做法是相当直观的。

在我们看来，那也是这项流程有力的原因。它很简单，就像人的直觉反应。然而，问题出现了，因为常识并不总是转化为惯例。要做到有效建立期望，让别人能够成事，所需要的一切精髓都在外环里。能够把这件工作做得很好的人，就会明白如何顺利而有效地遵循这些步骤。

运用系统化且井然有序的方法让人当责，你就可以强化自身风格的优点，减少它的缺点，创建正面的当责关系。经过深思熟虑的准备与充分的练习，任何人都可以精通这项流程的艺术。掌握它，就会让你有力量帮助别人达成你的期望，也会帮助你培养个人的才华与组织的能力。想在竞争激烈的社会里赢得成功，这些都是重要的资源。

要抓住这项技术的所有优势，我们建议你将当责流程，以及它那积极、有原则的方式整合到你的人才管理、领导力发展与绩效管理中。我们认为，让你的组织中的每个人都了解当责管理，就可以让你们脱离平凡，完成世界级的绩效表现，这是毫无疑问的。准备好了吗？让我们踏出第一步，走上外环之旅，学习如何形成期望。

第1章 小结：积极、有原则的方式

如同我们的承诺，我们会在每章最后，重新简述该章的主要法则与观念。这段摘要将涵盖最主要的实务与方法，它们都是运用当责流程以获得成果，采取积极、有原则的方式让人当责。

第1章　外环：设定期望

流程的艺术

刻意而有效地走过外环的步骤，就可以获得成功。让人当责意指运用积极、有原则的方式，有效形成、沟通、校准和检视期望的完成，使人们无论现在或未来，都可以取得成果。

外环的三个通则

外环的三个通则构成采取外环步骤的基础：

（1）当责谬误：当人们无法执行任务时，就表示他们哪里有问题。

（2）当责假设：人们无论在任何情况下，都会尽力达成我的期望。

（3）当责真相：发生问题时，通常都是我做错了什么。

我怎么会让事情变成这样

比起"事情怎么会变成这样？"这句话，自问"我怎么会让事情变成这样？"是一个较为有效的问题。加上"我怎么会让（事情变成这样？）"，能够使你更有效地用人进而取得成果。

当责关系

每当你让人当责，就是在为他们创造一种经验，这会导致正面或负面的关系，会影响到你的整体人际关系，以及你和他们一同采取外环步骤的效益。

当责风格

人们倾向于偏向两种风格中的一种，"控制与强迫"或"等待与旁观"。这两种风格各有其优缺点。积极、有原则的方式能有效地混合这两种风格的优点，让你的当责管理效益达到最高。

How Did That Happen?

第2章

形成期望

最佳期望

以积极、有原则的方式让人当责,始于当责流程外环的第一步:形成期望。假使你事先未能形成清楚的期望,自然无法有效让人当责。根据本章即将讨论的明确法则,想清楚你对别人的期望是什么,将有助于让你设定期望,建立正面的当责关系,确保人们能够取得成果。

让我们面对现实——你对所有与你共事的人都有期望,从供应商和经销商到你的同事、团队成员与上司。你期待他们在你需要的时候交出你期待的结果,你自己产生结果的能力自然取决于别人是否满足你的期望。确保这些期望都是清楚的,是最基本的第一步。

要让工作完成,任何旧有的期望都是做不到的。多年前,邮购零售业的西尔斯·罗伯克公司在给客户的邮购目录上注明现有的产品是"好"、"更好"或"最佳"。

当然,你的采购行为在于你的购买能力。也许"好"便足以让你满意,"更好"可能让你更高兴一些,但是"最佳"就可以让你得到世界级的体验。"最佳"可以历久弥新,而且保证称职。谈到形成期望,我们大多数人都可以做"好"这件工作,让人们知道我们需要什么。真的很重要的时候,我们往往甚至可以做得"更好",更加小心地确保人们知道我们的需求。但是谈到主要期望,我们毫不妥协,只能接受"最佳"质量。因此,形成"最佳"期望,就是外环的第一步。

无论是个人还是公司,通常不清楚自己的期望,往往都必须付出沉重的代价。例如,米其林引进防爆轮胎(run-flat tire)的故事。

案例：防爆轮胎为什么爆胎了

表面上，每一位参与其中的人都认为，防爆轮胎是一个了不起的主意——这一款轮胎可以让驾驶人即使在一个轮胎漏气之后，也能以50英里（约80千米）的时速继续开两小时，也就是100英里（约161千米）的距离。

米其林的人都认为，防爆轮胎可以媲美子午线轮胎（子午线轮胎是当今轮胎的主流。优点是胎体强度大、滚动损失小，而且耐磨又耐冲击，较为安全）。子午线轮胎革新轮胎技术，为轮胎史写下了辉煌的一页，而且至今依旧是大多数汽车的标准配备。基于这个期望，米其林投入大笔资金，花了许多年的时间让防爆轮胎这个新产品上市。

然而，米其林的防爆轮胎上市之后，并没有听见预期的掌声，反倒听见了爆胎的"砰！砰！"声。而且，防爆轮胎的销售量远远不如预期，米其林内部人员各个搔头抓耳，茫然不知所措地问："事情怎么会变成这样？"

防爆轮胎的设计需要一条连接线，接到仪表板上。当轮胎需要替换时，仪表板上的灯就会闪动。这表示只有原本就具备适宜电子设备的车子，才能享受到防爆轮胎的好处。最终分析的结果显示，防爆轮胎从一开始就注定了失败的命运。在这个拙劣的发明之后十年，只有少数几款车将防爆轮胎纳入了标准配备。

这么一家大型公司怎么可能和自己的期望差距这般遥远？为什么在产品引进的渠道上，没有人发现这个细节？当然，没有人料到它会在市场上成为一个严重的败笔。毕竟，那是一个了不起的点子，该产品的功能就如同该公司的原始设计一般。每个人都能够有效执行该计划，也将一个运作良好的产品交到了市场上，一切都如预期。但是回头看，米其林防爆轮胎不上不下的成就，最后的惨败收场，其实一点都不难解释。

要解释米其林防爆轮胎的失败，就必须先了解"好"的期望其实不够好。要引进这可能是革命性的轮胎，米其林就需要先形成一个"最佳"的期望，那是外环的第一步。当然，"最佳"会让米其林的每个人，从上到下，都想到必须多走几步，才能得到想要的成果。有人就会判断，多出来的那几步就包含联络代工厂，估计至少四年才能让一部汽车从设计走到生产。有人就会认清，米其林需要将轮胎和防爆轮胎的科技相结合，成为成功车型的整体设计，这对汽车制造商来说，一样需要几年的时间，才能做出先进的设计与成功的营销，更何况车商、轮胎商与修车厂在轮胎上市后的改装，都必须配合才行。

米其林防爆轮胎的困境为我们带来的课题是大多数人在事业的某个阶段都会碰到的：花时间有效形成期望，就会带来成功；如果没有做到，就会铺出一条失败的路。

在需要的时候，没有形成"最佳"期望而大意失荆州的公司，米其林当然不是唯一的一个。类似的故事不胜枚举，它们的"作品"都是一个个污点。有个例子如下：

案例：很炫又新奇却不实用的办公大楼

在伦敦郊区希思罗机场外面，有一座巨大的现代化建筑，它的设计风格令人耳目一新。

令人难忘的"舟"形大楼，是建筑师取自《圣经》里的诺亚方舟的点子，看起来就和你想象中的一模一样——一艘大船，只不过，这艘船是用玻璃和现代化的材料建成的。它赢得了多项建筑大奖，而且至少从外观看来，会使你惊艳无比。然而，一直到我撰写本书的此刻，里面还没有房客进驻，为什么？

因为相较于又炫又新奇的外表，大楼内部远远不如预期。它的外表令人瞩目，内部却欠缺房客需要的易于使用的功能。房客想要找的是好用的出租办公大楼，而不只是赢得建筑设计大奖的建筑。

结果发现大楼内部的设施不被市场所接受，许多投资者和设计者不免猜疑："事情怎么会变成这样？"

这个"方舟计划"就跟米其林的防爆轮胎一样，在筹划的过程中有个时刻发生了断点。一开始，方舟的主人必然期望这个独特的设计能够像磁铁一样，把房客都吸引过来。结果，预期中的房客根本无法想象自己在完全透明、毫无个人隐私可言的空间里工作的情况。

同样，在谈到形成必须完成的关键期望时，你无法接受低于"最佳"的水平。只要妥善形成"最佳"期望，就会授权给每个参与者，从设计团队到出租中心，让大家交出一座能够吸引房客的办公大楼，从而获利。事后诸葛亮？当然不是。不过仅仅有一个期望和刻意形成一个期望之间的区别，总是在事后看来比较明显。这点在你身上适用吗？你是否曾经因为未曾妥善形成期望，而大失所望？花点时间想想，上一次你对一项大型计划、某一个创举或任务觉得不满意的时候。你是否也能说个故事，谈谈你知道自己想要什么，努力使它成真，结果却像米其林的员工或方舟建造者一样，发现你所依靠的人根本无法交付，而这时候已经太迟了？

对某些人来说，形成"最佳"期望听起来也许再容易不过了。然而，对大多数人而言，那并不简单。不过就像我们指出的，它值得你做初步的投资。要形成"最佳"期望,你一开始就必须刻意而有意识地下功夫,而且形成期望的方式,要能够让人们清楚地了解你的目标。经理人可以自己构筑各种期望,但是如果他们可以和所有相关者合作,形成"最佳"期望,使它成真,结果必然好得多。唯有相互了解彼此同意的期望,才能让人们百分百投入,以完成工作。

个人与组织的当责意识,总是始于将成果清清楚楚地定义出来,那是在《奥兹法则》中讨论到的一项前提。然而,如果我们谈到要让别人负责交出成果,那么,只要你精通于形成期望,就可以大幅强化你在这方面的能力。如下的测试可以帮助你评估你自己形成期望的能力。回答时,考虑和你共事的人在评估你时,可能如何回答这些问题。

【自我测试2:我是否具备形成期望的能力】
以下七个是非题,请以直觉回答,不要想太多:
____1. 我不懂,那些我依赖他们交出成果的人,为什么好像听不懂人话?
____2. 我经常为人们交出的成果感到失望,而且我总是在问:"事情怎么会变成这样?"
____3. 人们觉得帮我做事是在浪费时间,因为我的优先顺序似乎时常改变。
____4. 和我合作最密切的人,丝毫无法确定地说出对我而言最重要的是什么。
____5. 我倾向于轻轻带过我真正希望人们做到的事,因为我不想让双方关系紧张起来。
____6. 我很容易假设人们已经知道该做什么,结果,我根本不会花时间去形成特定期望。
____7. 我经常必须向人们重新解释和厘清我真正想要的一切。

在这些陈述中,就算只有几个"是"的答案,也表示你有改善的空间。但是无论你是否熟练运用外环的第一步,无论你的做法是否有效,你都要学习一些技巧,让自己可以形成清楚的期望,你所依赖的

每个人都可以真正了解需要有些什么成果。

期望链

当责流程外环的第一步需要经过深思与筹划。这一切都始于我们所说的期望链，它是对"供应链"概念的延伸。期望链包含所有为了达成你的期望、交出你想要的成果而产生关联的人。米其林的决策者没有把原始设备制造厂商纳入他们的期望链中，这就是一个严重的错误。防爆轮胎的成功，终究必须依靠他们。当你形成对他人的期望（至少如果你想要形成有助于确保成果的期望）时，你必须考虑期望链内自上至下的每个人。

我们绝对不会凭空形成我们的期望。每个人都是职场上某个期望链的一部分。我们都有一个"老板"———一个对我们有期望的人，而且通常都是很高的期望。这个"老板"可以是主管或经理、母公司、总部、客户或股东。不管是什么情况，总有人定义了对我们的期望。另外，我们会在期望链中形成关系，根据别人对我们的期望，转而为另外一些人定义期望。这一切连接就形成了期望链，所有的相关者就靠这个期望链获得成功。要形成期望，帮助人们交出我们需要的成果，就得先了解我们在这个期望链中如何产生关联，并连接在一起。

案例：你少给我找借口

雷希在普曼与肯德公司担任统计分析师，那是一家大型的消费者产品公司。雷希的每周竞争分析报告需要依靠两个情报来源，其中之一是塔玛拉，她和雷希的座位之间只隔了两个人；另一个是马克斯韦尔，那是公司的一个重要供应商。塔玛拉和马克斯韦尔在雷希的期望链里，都是重要的关系人。

每周身为信息来源的两个人，其中总有一个人无法准时给他需要的信息，这使得雷希必须为了完成报告而急得焦头烂额。他的动作很快，但是在时间压力之下就会出错，他恨透了这点。他如果拿出一份有瑕疵或迟交的报告，他的上司就会冷冷地瞄他一眼说："你少给我找借口。"

雷希就跟我们大多数人一样，夹在他所依靠得到成果的人，以及依靠他达成目标的人之间。他该怎么做呢？

生气、暴怒、大发雷霆地打电话给马克斯韦尔，对着他咆哮："我还指望你负起责任呢！如果你以为自己不可取代，就把手指放进一杯水里，再拿出来，看你会不会留下一个洞！"

对方的反应？"你也一样，老兄！"

但是，雷希不能威胁塔玛拉。他们两个人一天要碰面十次，他们在餐厅里共进午餐，他真心喜欢和她共事。她的工作能力很强，只是时常慢条斯理。

但是有一天，上司又对着雷希痛骂，建议他干脆换个工作。这时候雷希再也无法忍受了。他就跟我们所有人一样，成了当责谬误的猎物——他们一定有问题。接着，雷希将怒气发泄在塔玛拉身上，他对着塔玛拉恶言相向。从此，除非绝对必要，她再也不跟他说话了。这一切的结果是什么？雷希发现，没有塔玛拉的协助，从此，他更难准时交出报告了。

如果雷希问问我们的看法，我们一开始就会帮助他，看看他自己该如何形成期望。这两个对他的成功而言最关键的情报来源，他究竟希望从他们身上得到什么？我们只能想象我们可能发现些什么。也许

第2章　形成期望

结果是，他只是隐约地觉得，他会在需要的时候得到他想到的资料。也许他觉得，他根本不需要刻意、清楚而强制地形成他的期望。

果真如此，我们可以很有自信地跟雷希说，他必须妥当地形成他的期望，否则他无法和依赖交出成果的相关者进行有效沟通。雷希如果没有采取当责流程的这个步骤，也许他根本不能指望塔玛拉或马克斯韦尔，因为他们不会竭尽全力地满足他的期望。

你在形成自己的期望时，将整个期望链考虑清楚，就可以加强每个人取得成果的能力。要记住，你的期望链包含每个能够帮助你达成期望的人。确保你已经考虑过期望链的上线与下线的每个人，就可以帮助你塑造自己的期望，让它适用于每个相关者。

花一分钟思考一个你需要满足的重要期望，并列出能够帮助你让期望成真的各种相关者。表单上的人，也许包括你的上司、部属、同事、供应商等，所有在组织与团队内外的人。

【当责管理模型7：期望链的上线与下线】

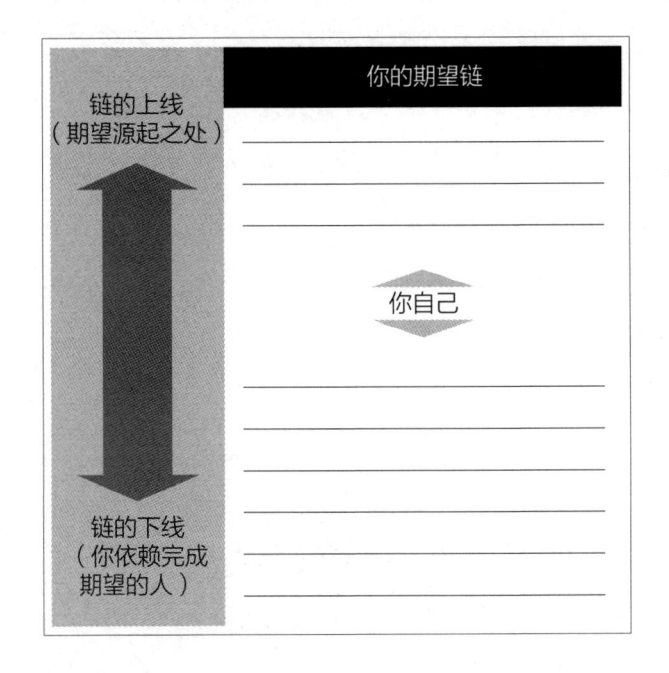

	你的期望链
链的上线 （期望源起之处） ↑ ↓ 链的下线 （你依赖完成期望的人）	＿＿＿＿＿＿＿＿＿＿ ＿＿＿＿＿＿＿＿＿＿ ＿＿＿＿＿＿＿＿＿＿ 你自己 ＿＿＿＿＿＿＿＿＿＿ ＿＿＿＿＿＿＿＿＿＿ ＿＿＿＿＿＿＿＿＿＿

时常，人们只想到实质的组织与团队，却忘了考虑更大的虚拟组织中的人，因为我们终究必须依靠这些人来完成工作。仔细思考整个期望链，就会让你形成期望的技巧更高明，能够更正面地影响到每个人。

【秘诀：运用期望链的五个建议】

1. 期望链上的成员，指的是你依靠成事的人，而不只是他们所属的组织。这样做将创建一个虚拟团队，更准确地描述为你的最终成果有所贡献的每个人。
2. 问问那些必须达成你的期望的人，他们需要依赖哪些人来完成这项工作。所有在你的期望链上的重要人士都必须经过这个程序。认清你的期望链有多长，这将有助于让你妥善形成你的期望。
3. 当你定义你的期望链时，要考虑你的上线关系，而不只是比较明显的下线关系。上线关系包括你的上司、你的上司的上司，以及所有对你完成期望有所贡献的人，尤其是你的客户。
4. 期望链上的所有成员都必须给予适当的沟通，包括在你的组织权责之外的人。千万不要忽视任何一个在你的影响范围之外的人。大多数时候，有说服力的论点，人们都会听得进去。
5. 更进一步接触在地理上相距遥远的人。毕竟，不是每天见面的对象，你自然会比较疏忽。

要想有效地管理你的期望链，你就必须先刻意形成你的期望，让期望链上的每个人都能够了解你的期望。

形成期望

我们都知道何谓"期望"，是吗？字典将"期望"定义为"强烈相信某人将会或应该做某事"。当然，不是所有的期望都是相等的，有些期望重要得多。天气预报员报道预期将有个下雨天？没什么了不起的。你期望第三季度的收入将达到你交给华尔街的预测？这可是一件大事。我们称这些"大"期望（赌注很大，你非完成不可，否则后果不堪设想）为你的主要期望。这些都是需要我们思考的"最佳"期望。

我们给"主要期望"的定义是："一个必须达成的期望，它需要期望链上的每个人都全心投入，做该做的事，以取得成果。"当主要期望形成时，你就一定得交付。期望链上的每个人都必须看到这点，相信这点，而且一同当责使它成真。这意味着当你形成你的期望时，你必须仔细衡量所有你需要成真的明确的事物，以及所有需要当责使它成真的特定人士。

案例：花五分钟，沟通你的期望

我们曾经和一个效率极高的人合作，那是零售商自制食品的一位领导者，他负责执行一项地区在职培训课程，希望能够让他们的客户更喜欢光顾他们的商店。

该地区的每一家店，无论是店长还是客户，给这项课程的评价都很高，号称这是他们上过的最好的在职培训课程。负责这项课程的人都同声庆贺，因为几乎百分百的人都可以准时接受培训，而且没有超出预算。不仅如此，他们都觉得很骄傲，因为这项课程为他们增加了500万美元的营业额。

所以，一切都很美好，是吗？事实上，它距离可能产生的真正效果还差得远。更进一步针对整个自制食品公司的跟踪研究显示，接受过培训的人，只有大约15%确实用上他们的所学。这表示，以最初的业绩增长为计算基础，假如每个受过这项课程培训的人都确实将所学应用在工作上，他们至少可以再增加2500万美元的营业额，一共就是3000万美元。

项目汇报让执行团队明白，他们从一开始，就没有真正形成正确的期望。"最佳"期望不是确保每个人都得到培训，而是确保受训的每个人都能够将所学应用在他们的日常工作中。毕竟，像这样的培训，你还可能设定什么别的目标呢？目标依旧相同——让员工和客户互动，创造出必要的吸引力，以期增加另外2500美元的营业额。但是不知为何，那个主要期望早在执行之前，在形成阶段就已经消失无踪。结果，店长们并不明白，主要期望并不只是执行一项成功的培训计划，而是要借助有效的培训应用，增加3000万美元的营业额。

自制食品公司从这次经历中学会了如何改善他们下一次的地区培训课程。在一切开始之前，就清楚地形成他们的期望。他们确实讨论他们希望做到什么，以及他们确实需要哪些人参与，才能使其成真。形成正确的期望之后，便在店里开始了实施的流程，首先就是由每一位员工的直属上司进行一个五分钟的预备课程，说明他们为何要接受这次培训。每个人的培训课程一开始，就是相信他们的店长期望他们能够立即应用所学，并且贯彻实行。

为强化每个参与者的期望，讲师在课程一开始便询问学员，他们是否上过他们直属上司的五分钟预备课程。回答"否"的人，讲师就会要求他们离开，请他们在上过适当的预备课程之后，再回来接受培训。这么做之后，人们自然发现，原本不大情愿的店长，也都迅速跟上了。

培训课程之后，讲师和学员进行另一次简短的会面，问他们学到了什么，并强调他们必须立刻应用所学。讲师要求学员将他们的培训成果带到自制食品公司的工作中。由于有了更好的期望与执行的结果，该公司每天的获利都很可观。

要注意，成功达成的期望，始于事先有效形成大家真心接受的期望。这不仅提供了快乐的培训经验，公司季报上的营业额也大幅提升。由于这次的成功，该组织的那位领导者荣获高升，并获得鼓励，让这个方法普及整个公司。

FORM 检查表，测试你的主要期望

自制食品公司真正的改变始于他们明白，真正有效的期望始于你（个人或组织）希望发生什么。以这种方式陈述你的期望，并且力求正确，就可以帮助你厘清你需要达到的成果。

以上述这个案例来说，自制食品公司最初实施培训时，并没有强调公司真正想要得到的是："每一家分店实施新培训的结果，在九个月之内，地区的营业额要增长3000万美元。"

这是他们真正想要的成果，但他们形成的期望听起来像是："让本地区每一家分店每个层级的员工都能够准时受训，并且控制在预算之内。"这两个期望有天壤之别。

虽然多年来有很多方法和其他流行的缩略语被用来建立和描述设定目标与目的的过程，但我们建议，当你在设定最佳期望时，最好使用"FORM（形成期望）检查表"，它包含我们认为形成有效期望的四个基本特征——F，可建构的（Framable）；O，可达成的（Obtainable）；R，易重复的（Repeatable）；M，可衡量的

（Measurable）。根据这四个特征来测试你的主要期望，可以保证你能够正确地形成期望。

【当责管理模型8：FORM检查表】

可建构的 （Framable）	保证该期望符合目前的愿景、策略与业务优先级
可达成的 （Obtainable）	在目前整个期望链的资源与能力限制之下，保证该期望可以达成
易重复的 （Repeatable）	保证该期望在期望链里，可以轻松方便地沟通清楚
可衡量的 （Measurable）	保证达成期望的进程可以追踪，最终的成效可以衡量

正确指出"你希望发生的事"之后，使用可建构检查表来判断你的期望是否符合你们目前的愿景、策略与业务优先级，更重要的是，是否符合期望链的上线人士的愿景、策略与业务优先级。假如你无法在这个背景下建构你的期望，就问问自己："我们真的需要这个吗？"可达成检查表可以证明这点，在目前整个期望链的资源与能力限制之下，该期望是否可以达成。易重复检查表确认期望有足够的可移植性，可以用最少的努力和精力遍历整个期望链。最后，可衡量检查表检视你的期望的形成方式，是否容许每个参与者都能够跟踪他们的进程。将FORM检查表应用在你希望发生的事物上，可以使你更顺利有效地踏上外环的第一步。

这个时候也许你会想问："我形成的每个期望都值得花这么多的功夫与精力吗？"我们的答案是："不是的。"要记住，并非所有的期望都可以等量齐观。当一个期望重要到你一定得交付时，在我们看

第2章 形成期望

来，它就值得你花更多的心力来使用FORM检查表，并尽你"最大"的努力。你的主要期望可能和整个组织有关，也可能只适用于特定个人。无论如何，你都必须投资所需的时间与精力，才能将它做对，因为，眼光放远、早早做到，稍后就可以省下重要的时间与资源。

我们继续以自制食品公司为例，我们把FORM检查表用到他们希望发生的事情上："每一家分店实施新培训的结果，在九个月之内，地区的营业额要增长3000万美元。"

"**它是可建构的吗？**"它是否符合公司目前的愿景、策略、业务成果与优先级？以自制食品公司的例子来说，它的历史强调的就是客户服务，这使得新的培训感觉像"戴手套"一样符合目前的企业策略，也契合目前人们为了公司的整体成长与成功而做的种种努力。

"**它是可达成的吗？**"自制食品公司需要看看期望链的上线与下线，考虑每个人执行这项工作的能力。这项考虑包括，组织中是否具备这方面的人才，员工目前与未来的工作量，以及所有影响人们完成该工作的其他因素。仔细分析后得出的结论是，它具备执行该培训并取得业绩增长所需的能力。然而，这项检查也厘清了这项目标：该区的十家店面需要有3000万美元的营业额增长，因此每家分店都必须贡献300万美元。将重点放在每家分店的业绩增长上，这个目标符合目前自制食品公司的业务模式。

要确保员工所做的事都是你认为对组织的整体成长与成功最重要的，这点最能够保证你的主要期望可以达成。当确信你的员工在做的是正确的事，而且他们拥有正确的支持（要面对组织的支持能力问题）时，你必然能够提高成功的希望。

公司领导者如果缺乏足够的远见，则无法做出符合实际的企划，很可能会让"得过且过"的心态毁了他们的希望。

案例：改变优先级

光学控制公司在全世界有30个分公司，它期待每个分公司都能够提供自己的客户服务。然而，由于市场竞争越来越激烈，组织需要更具一致性，因此公司领导层决定集中运营，因此派出资深运营副总裁杰夫·格林，要他在六个月内，完成这项工作。要圆满完成，杰夫需要减少分公司的人力，增加总公司的人手，让业务代表在电话中应答如流，而且不能干扰到正常工作。结果呢？半年变成一年，一年变成两年。更糟的是，客户服务并未强化，这项计划出乎意料地让每个参与者付出代价，包括客户。

回首前尘，杰夫认清，以公司的能力，这项工作不可能在24个星期之内完成，而是要"24个月"。

"尽管去做"在运动上也许行得通，但是在商场上往往容易发生失误。光学控制公司想要把地方分权的营运方式改成中央集权，同时还要维持高水平的客户服务，这不是"按个开关"就可以在短短的半年之内做到的。这项策略以前看起来很有道理，如今依然（光学控制公司的每个人都同意，面对今日市场，中央集权的模式可以运作得最好），但是不实际的期望毁了公司的希望，赶走了客户，而光学控制公司不只是迫切地想要满足他们，还要取悦他们。

千万要小心！在我们前进到下一步之前，必须先谈谈改变优先级的问题。在当今快速变迁的商业环境里，每一件事都可能在一瞬间发生变化。我们最近和一位备受尊崇的组织领导者共事，我们发现她不愿意花一年的时间去改善组织的文化，这点让我们很惊讶。她的原因

第2章 形成期望

是什么呢？她担心她的领导团队会因为必须跟踪进度，而从眼前的工作分心。她坦承，不知道会不会有一天，她和她的团队因为看见某一则新闻而大吃一惊，因为他们看见她的公司已经被并购，或者和其他公司合并。她承认眼前还没看到这类并购的计划，但是每个人，包括她自己，都预期并购可能在任何时候发生。当然，这点一样会减缓执行任何大型计划的进程。"何苦发起任何我们也许根本做不完的事？"没错，她问了一个好问题。

她的情况并不是特例。优先级、环境、业务状况与经济循环都会改变，而且往往都是意外，有时步调缓慢，有时千钧一发。那些希望在今日商场成功的人，必须能够适应那些改变，而且很可能要为此调整期望。然而，别忘了，每当你改变期望，整个期望链也都因此瓦解。事前经过深思、审慎形成的期望，会有助于让你不必在事后改变或调整。

"它是易重复的吗？"这项检查可以测试你是否给了期望一双"脚"，让它够简单明了，让人们可以轻松地将概念传达给别人，包括期望链的上线与下线。例如，想一想那看似复杂的心肺复苏术。也许你还记得，多少年来，学习心肺复苏术的人，必须记得以手压胸的次数与以口吹气的次数之间的比率。尽管你听了无数次，但是，你真的记得那些数字吗？对新手来说，那很难记得，尤其是在拯救人命的巨大压力之下。究竟有没有可能变得比较简单又同样有效的方法？

是的，有。不久之前，美国心脏协会宣布，如果病人是成人，单独使用以手压胸的心肺复苏术（快速压迫病人胸腔，直到医疗援助抵达），其结果就跟标准的心肺复苏术一样好。现在，假如路人甲捂着胸口躺在地上，你只需记住两件事：拨打911（中国的120），以及快速而用力地以手压迫路人甲的胸口。成人心肺复苏术的新做法，甚至因为免除口对口的人工呼吸，而增加人人皆可上手的可行性，因为许多人对于口对口人工呼吸这一点很犹豫，尤其是面对其他成人时。以心肺复苏术来说，让期望可以简单传达是可以救人一命的关键。

在形成主要期望时，你应该思考并跟踪整个期望链的沟通渠道。首先想好谁需要知道这项期望，衡量他们对这项期望的理解能力，这会改善你形成妥善期望的能力。这点适用于所有的主要期望，无论期望链上包含多少人。

让我们回头看看前述案例中的自制食品公司，该公司的期望有多么容易传达。看看他们的沟通渠道，每个人都知道，如果他们想要达成一家分店的300万美元营业额的目标数字，每家分店的员工都需要接受培训，包括包装与添加物料的人。最后，将期望简化到听起来像座右铭一样，例如，把"在九个月内增加300万美元的营业额"简化为"九之三"，就会让这项期望在组织内变得很容易谈论与分享。

"它是可衡量的吗？"这项检查通常指的是将期望精确地在纸上呈现，描述你如何按时跟踪进度。以自制食品公司的案例来说，每周的销售数字就可以量化进度。此外，要更进一步监控进度，自制食品公司将派出"秘密客"，也就是公司员工有可能化身为真正的客户到店里购物，然后根据培训目标，为他们和自制食品公司店员之间的互动质量评分。这些报告将显示店员将培训应用在客户身上的程度。

使用FORM检查表之后，自制食品公司的期望陈述为："九个月之内，地区总营业额要增长3000万美元。要做到这点，本区的每一家分店的各个层级都要实施新的培训计划，而且各店营业额要增长300万美元（简称'九之三'）。以每周营业数字和秘密客的评分来衡量进程。"自制食品公司应用FORM检查表之后，写下清楚的期望，公司可

第2章 形成期望

以用它通知组织内的每个人，正确表达它希望成真的事。

FORM检查表是一个实用的工具，每当你要开始建立一项主要期望，就可以派上用场。它会让你在设定期望的过程中变得更加慎重，而且通过练习，它可以成为一项根深蒂固的习惯。花一点时间填写自我测试3，看看你形成期望的习惯已经培养到什么程度。

【自我测试3：我是不是一位审慎领导者】
对以下十个陈述，请以直觉回答"正确"或"错误"。 人们会说……
____1. 在我开始和人们沟通我想要他们做的事之前，会先仔细考虑我希望何事成真。
____2. 我很了解完成一件事所需的时间，我要求情况好转，我认为这个要求相当实际。
____3. 我的"主要"期望总是经过深思熟虑的，而且我一定会将它们形成文字。
____4. 我相当清楚组织的能力，我知道这个期望对组织的要求是什么，以及需要多少心力才能达成——没有人会说："我不在。"
____5. 我会花时间测试我的要求是否符合组织目前的能力与优先级；如果答案为否，便删除那些要求。
____6. 在我形成我的期望之前，会考虑所有组织内外参与达成我的期望的人。
____7. 我善于清楚明了地表达我的期望，其他人能够将整个概念轻松传达到期望链的上线与下线的每个人。
____8. 我相信和我共事的人都能够正确列出我心中对他们的"主要"期望。
____9. 我一定确保"主要"期望是可衡量的。
____10. 我在告知我对他人的期望时，不会是一时冲动或未经思考的。

【审慎领导者测试结果分析】	
答"正确"的题数	这代表你……
10题全答"正确"	是一个有意识形成期望的专家。人们知道你对他们的期望。
8~9题答"正确"	是一个帮助他人成功做到你的要求的专业人士。你也明白自己在这方面还有改善的空间。
5~7题答"正确"	在形成期望上是一个能力普通的业余人士。比较审慎的方法对你有利。
3~4题答"正确"	在形成期望，使人们（包括你自己）获得成功方面，你是个新手。如果你愿意看见真相，会有助于让你成功运用本书中的法则。
少于3题答"正确"	你还不大清楚如何形成主要期望。好消息是，只要你运用本书的法则，就会大有收获，也比较能够成功借助他人之手成事。

从这项练习中，你得到了什么洞见？当你比较了解自己时，是否能够鼓励你用比较审慎刻意的方式形成你的期望？果真如此，你在这趟"旅程"中就有了稳定的进展，你将以积极、有原则的方式让人当责。

形成期望的"风格"

还记得我们在第1章介绍的两种当责风格吗？分别是控制与强迫、等待与旁观。谈到让人当责，你自然会偏向其中一种风格，就像你做的每一件事，你天生的风格，也会大大影响到你形成期望的方式。

控制与强迫风格的人往往会形成比较不切实际，也因而比较无法达成的期望。他们时常不相信人们已经尽了全力，已经无法接受更多工作。偏向这种风格的人通常会觉得，只要每个人都再聪明一点，工

第2章 形成期望

作再努力一点，他们就可以把"更多东西"强行加给人们。"做，就对了！"是他们的口头禅。

具备控制与强迫心态的人相信，你只要让人们施展本事，他们就能够克服万难。但是，他们真的可以吗？并非永远如此。面对一个所求无度而不切实际的风格，人们经常会感到恼火。具备这种风格的人，觉得人们理所当然就知道该做什么——这种假设，造成他们只是专注于自己的工作，因此不愿花时间与精力形成期望，觉得那是一种浪费。

控制与强迫风格的人要认清自己有上述倾向，当进入形成期望的阶段时，应该自问以下三个问题：

1. 假如人们告诉我，他们认为这项期望不切实际，我会知道他们为什么这么想吗？如果我不知道，也许我应该问问他们：这么想的原因是什么？

2. 上一次，组织里的人告诉我，他们觉得自己已经"快到极限了"，那是什么时候？如果我再加上一点，那将如何影响他们的士气？我又预期如何管理？

3. 我是否应用了FORM检查表，充分思考过这项期望？或者我只是赶着做，因为我觉得人们应该想清楚，并完成这项工作？

相对地，偏向等待与旁观风格的人，可能对组织能力问题过于同情，对人的要求不够。这种风格往往不大乐意形成较高的期望，因为不忍心让人们太过勉强。强烈的人本倾向，喜欢维持和谐，这种风格的人很可能减缓人们的脚步，降低人们准时交付的能力。

他们或许也不会花时间运用本章列出的步骤，不是因为他们不愿意投入时间和精力，而是他们也许想不到人们为了完成工作，竟然需要那么多的指导。由于这种风格比较容易信奉较为松散的方法，应用FORM检查表也许就显得太麻烦，而且要花上那些筹划的时间，很可能就不大值得。结果，他们也许会停止运用他们所学的如何形成期望的适当方法。

偏向于等待与旁观风格的人，进入形成期望的阶段时，应该自问以下三个问题：

1. 我在形成这项期望时，对组织的要求足够吗？我应该再勉强他们一点吗？

2. 我对组织生产力的看法实际吗？我如何判断是否有"多余的生产力"存在？

3. 我是否用了FORM检查表，对这项期望够深思熟虑，或者我错误地假设人们不需要很多指导，不用再多说明，也可以把事情做好？

认清你的当责风格如何影响你有效形成期望的能力，可以帮助你成功地运用本章谈到的法则与方法。

当责实况检查

也许你会记得我们在上一章曾说的，当你走在当责流程的旅途上时，我们会不时建议一些简单的方法，让你可以应用所学。要实行这项当责实况检查，请一些和你合作最密切的人，代为回答自我测试3。要求他们给你一份保密的回应，督促他们诚实回答，并告诉他们，你想知道他们真正的想法。他们的回答也许和你自己的回答截然不同，无论正面或负面。收集他们的意见，它会帮助你继续在外环前进。

当责流程

你应该按部就班地执行当责流程提供的一系列步骤。每个步骤都基于上一个步骤。跳过一个步骤，也许你就无法在你的企业中运用"最佳"的当责管理。任何快捷方式到头来都可能让你损失时间、更加迷惑、浪费精力，以致终究无法得到你所预期及需要的成果。踏上外环的第一步，有意识地形成你对别人的主要期望，就是在准备重要的下一步——沟通期望。

第2章 小结：积极、有原则的方式

在你前进到第3章之前，暂停一下，想一想我们在本章介绍的主要概念。简单的回顾可以让你在进入下一章之前，总结素材。

最佳期望

谈到期望，就有"好"、"更好"与"最佳"。要达成主要期望，就必须花时间进一步形成"最佳"期望。

期望链

必须考虑所有你必须依赖达成期望的人，包括上线与下线。有意识地管理这个期望链，就保证可以得到较佳成果。

主要期望

主要期望应该多花点时间去形成，面对这些期望，就一定得交付。因此，你必须一开始就这么问："我希望何事成真？"

FORM检查表

在你形成主要期望时，FORM这个缩写提醒你考虑四个重要的元素：可建构的、可达成的、易重复的、可衡量的。

- F：可建构的，保证该期望符合目前的愿景、策略与业务优先级。
- O：可达成的，在目前整个期望链的资源与能力限制之下，保证该期望可以达成。
- R：易重复的，保证该期望在期望链里，可以轻松方便地沟通清楚。
- M：可衡量的，保证达成期望的进程可以跟踪，最终的成效可以衡量。

第3章

沟通期望

命令、控制、失败

外环的下一步，是要将主要期望沟通清楚，使人们明白你的期望是什么，以及为什么他们必须贯彻执行，取得成果。要使人们了解到这种程度，就必须进行彻底且非做不可的沟通。不完整或无效的沟通会增加失败的风险，让你大摇其头，再次不解地问："事情怎么会变成这样？"

案例：交出成果，而不是交出借口

一个大型工业产品制造商优制将丹尼斯·琼斯从主任升为区域副总之后，他便开始组织一个全新的业务区域。他的老板杰瑞·史耐德期望他能把新的区域做起来，顺利营运，并且尽快达成业务目标。丹尼斯自信满满地从零开始，建立了一个组织架构，雇用所有必要的业务代表和区域经理，填满这个销售新区域的七个区域。组织完成之后，他建立了一个当责体系，希望促使整个组织运作成功。尽管起初很乐观，但是两年之后，丹尼斯并未完成最先的计划，而且在他的事业生涯里，首次无法满足老板对他的期望。杰瑞发现新区域的成绩太差，于是告知丹尼斯，他得尽快提升绩效。

丹尼斯迅速分析整个情势。他希望可以找到一些趋势，帮助他了解他的区域出了什么问题，他计算所有的数字，分析他这个部门"每个区域每天平均拜访几个人？每一位业务员得到几个新客户？电话销售有什么成果？"等。仔细研究所有资料之后，他终于认清真正问题所在。结果是，他的区域和其他区域不尽相同。根据他的分析，丹尼斯判定问题的解决方式，就是增加更多人手。他相信只要跟杰瑞报告

第3章 沟通期望

他的发现，就可以达成数字，抓住目标。

丹尼斯用他的分析，准备和杰瑞会面。他很有自信，只要杰瑞听完他的结论，就会了解为什么他负责的业务区域欠缺规划，杰瑞也会支持丹尼斯，并且提供所需的资源协助他扭转劣势。

丹尼斯自信满满地向杰瑞表示，他需要更多资源，而且从每个想象得到的角度，详细说明业务区域为什么业绩不佳。丹尼斯找遍所有借口，想要把失败合理化。演说结束之后，丹尼斯深吸一口气，问杰瑞："你觉得呢？"

杰瑞微微一笑，靠着椅背，摘下眼镜，说："我根本不在乎。"

这几个字，永远改变了丹尼斯对自己工作的想象。也许，这句话不应该让丹尼斯感到如此意外才是。

毕竟，杰瑞已经在优制工作多年，人人尊重他是个难缠却也公正的上司。人们知道他总是会花时间教导部属，但是，他们也知道，当某人需要听见某一句话时，杰瑞从来不会拐弯抹角，而且有话直说。

杰瑞继续说："我不是请你来这里跟我说你'没做到'的借口的，我是让你来'把事情做好'的。你拥有你需要的资源，请你想办法去做到。你得知道，你并不是唯一身陷困境的人。我们两人都一样，而且，我们的时间不多了。"

这时候，丹尼斯才明白杰瑞的期望——他必须负起责任、及时交付，而且，不会有其他资源到位，也不会增加人手。

在几句话之间，杰瑞让丹尼斯明白了自己的期望，消除了所有的借口，让丹尼斯清醒过来。他知道自己必须取得成果。他还有一年的时间，而且必须是现有的团队。前面两年，丹尼斯没抓到杰瑞所沟通的原始期望重点。"这是我要你做到的。这是我要你在什么时候完成。"杰瑞沟通期望的方式,只是遵循传统的"何事-何时"(What-When)法则。

这并不值得惊讶,丹尼斯在整个业务区域中,和他的领导者与业务代表沟通时,也是重复相同的模式。遗憾的是,虽然杰瑞那种冲锋陷阵式的命令激励了丹尼斯,但是对整个区域却没有发生同样的影响。

故事说到这里,我们要暂停一下,了解"何事-何时"法则有什么缺点,是杰瑞和任何沟通期望的人都需要了解的。首先,"何事-何时"法则反映的是旧有的"命令与控制"的态度,以及如我们早先讨论的,这种旧式模型在当今职场根本无法激励人心。

然而,组织中的所有层级在交代别人做事时,都喜欢用这种方法,因为它不用浪费很多时间,而且根据过去的经验,它通常行得通又如此简单。你只需要跟当责者正确说出你想要什么以及你何时需要它,就能宣告全案终结。

不过,依靠"何事-何时"法则的人终究会明白,这个重视时间的方法已经不像过去那么好用了,最主要的原因在于"何事-何时"法则只能让工作"做了、做完"而已,根本无法约束人们的心灵和头脑,进而激励他们,让他们能够贯彻执行,尽心尽力达成主要期望,达成"做对、做好"的目标。

我们在美联社的一篇报道中读到一则好笑却刻薄的例子。

根据报道,有个家住芝加哥的男子控告一家刺青店,因为那位刺青师傅在客户的手臂上,把"明天"(tomorrow)的单词拼错了。

刺青师傅抗辩,说他刺青的单词就跟客户写在纸上的拼法一模一样。而且他说:"我也在他要求的时间内做到了他要求的事!"

这个例子说明"何事-何时"法则在沟通期望时的最大缺点是,人们

第3章 沟通期望

会在你要求的时间内做到你要求的事，即使事实上并未达成期望中的成果。使用"何事-何时"法则，你只约束了手和脚，但心灵和头脑却在无拘无束地四处漫游着，不会去思考还能做些什么达成目标、取得成果。结果一件工作只是"做了、做完"而已，根本无法"做对、做好"。

以下是多年来我们观察到的人们在沟通期望时最常犯的七个错误（我们自己也照犯不误）。请你扪心自问，过去几个月里，你犯了几个错误？

【秘诀：沟通期望时最常犯下的七个错误】

1. 吼出"冲锋陷阵式的命令"，方向却不够清楚，人们无法完全了解与接受。

2. 你假设人们只需要说明一下，就能够了解你希望他们交出什么成果。

3. 和别人沟通之前，你自己并不能形成清楚的期望。

4. 不愿解释"为什么"要求别人在特定时间之内做到某一件事。

5. 要求人们做某一件事，却不清楚说明你何时需要他们完成。

6. 无法描述有什么资源可以帮助人们达成你的要求。

7. 清楚说明该做什么，以及如何去做，但是人们无法将它"当成自己的事"，无法运用创意保证成果。

如果你犯了上述的某一个错误，也别再苛责自己，你并不孤单。时间的压力、截止期限，以及多重的优先事项，往往迫使我们牺牲较大成效，去取得看似较高的效率。这种交换的结果，和我们共事的每个人都得成为我们肚子里的蛔虫，才能心照不宣地猜出我们想要什么，解读我们真正的想法。这种靠默契完成事情的方法，不仅破坏我们的当责关系，而且无法保证事情会在我们希望的时间完成。

现在，让我们回到丹尼斯的故事。

案例：先知道"为何"，再谈"何事、何时"

丹尼斯向来用的都是"何事-何时"法则，多年之后，他终于明白这个法则根本无法激励他的团队，让负责的业务区域动起来。他的老板继续依赖旧有的沟通方式，虽然这个方法在过去都还算勉强使用。如今，丹尼斯开始明白，假如他想要激励业务员深耕业务区域，努力工作、聪明思考、达成目标，最后交出他期望的成果，就需要找到一个比较好的方法，才能和他的团队沟通他的期望。

为了改变，丹尼斯召集他的七位区域经理，让他们来到同一个办公室共事两天。这个团队一同认清了他们的区域是整个部门绩效排名最差的，这点让大家都觉得很丢脸。

丹尼斯让他的经理们看了他针对该区域绩效不佳的分析结果，因而引发了一场直言坦率的对话。

每个人都知道，该区域的成功以及他们在公司未来的事业发展，都依靠于快速的行动。

所剩时间越来越少，他们的工作也可能不保。他们刚刚终于清楚了解他们"为何"（why）需要改变，因此开始进行脑力激荡，努力想出各种方法，进而改善拜访主要客户的频率，而不需要指派更多人。讨论热烈地进行着，会议室里的气氛发生了改变。

他们不再闷闷不乐地讨论各项提案，而变得越来越兴奋，因为他们认为有能力扭转乾坤。这股新生的能量帮助他们指出若干他们需要迅速面对的不当手法，才有能力大幅增进该业务区域的绩效。他们把问题分为三大类：换人，为业务流程找出正确的工作节奏，以及改善

第3章 沟通期望

主要客户的效益。

丹尼斯将区域经理分成三个小组,请每个小组考虑他们还能做些什么,协助这个区域解决这些问题。每个小组独立作业,找出三套解决方案,然后做出一个企划案回报给丹尼斯,内容是他们如何在整个区域中进行沟通并执行必要的改变。

最后的计划是,根据这三个小组所提供的计划萃取精华,其中包括一个清楚的定义,了解他们为何需要改变,以及他们需要达成什么。作为一个团队,他们为他们的区域建立了如下目标:成为公司业务区域的第一名,将七个区域全部推上优制公司的前十名以内,以及针对本区域内的每个主要客户进行促销,这一切全部都要在接下来的一年内做到。区域经理觉得达成这些目标都定他们分内的工作,也认清万一事情无法顺利进行会有什么后果,因此大家都接受了这些目标。

丹尼斯先沟通"为何",然后和他的团队决定"何事"及"何时",于是他开始看见一个令他耳目一新的团队,全力投入,致力于执行他们的区域计划。

丹尼斯负责的业务区域花费的时间比一年稍微再长一些,但是,最后终究达成目标。在年终颁奖的晚宴上,人人身穿燕尾服和正式的晚礼服出席,丹尼斯从董事长手中接过奖杯,他的区域的绩效表现在全公司排名第一。他的七个区域经理全都排进前十名。过了一段时间,整个区域的人都获得了晋升,迎向更多的责任与机会。这个区域达成了自己设定的每个目标,因此丹尼斯对于运用"为何-何事-何时"(Why-What-When)法则的沟通期望法更加重视。

从这个案例中可以知道,丹尼斯最后明白,如果没有彻底了解期望背后的"为何",那么根本无法成功。缺乏这项认识,你将无法捕捉人们的想象力，驾驭他们的集体能力，进而成就主要期望。

"为何－何事－何时"法则

运用"为何-何事-何时"法则沟通你妥善形成的期望，它是你走上当责流程外环下一步的有力工具。这个工具将帮助你清楚有力地传达一项期望，它可以约束人们的头脑与心灵。一切都始于说明期望背后的"为何"。这个说明必须能够点燃想象力，触动人们的神经，之后你才能表示你想要看见人们达成何事，以及何时看见。看看如下的双向"为何-何事-何时"法则对话。注意进展的步骤是从一个强制性的"为何"到包含三项元素（分享你用FORM检查表在大脑中塑造的期望，说明既有的界限，并描述所有的支持）的"何事"，最后才是确定完成目标时间的"何时"。

这个模型显示，有效沟通期望并不只是指派工作。正确运用"为何-何事-何时"法则，不仅可以让人们了解工作的内容，也有助于创造认同感，如此才能确保圆满成功。面对主要期望，只要了解不够完整，未曾取得众人认同，就可能导致失望与失败。让我们更仔细检视整个过程。

【当责管理模型7："为何－何事－何时"法则】

为何	何事	何时
沟通"为何做此事"，塑造期望	使用FORM检查表，讨论界限，现有支援	"几时交付？"（日期与时间）

让"为何"具有强制性

要得到最大的效果,谈到"为何"时,必须将人们当成单一的个人,说服他们,"何事"与"何时"的完成攸关他们个人。

🔍 案例:聚焦"为何",才能瞄准目标

我们有一位客户是成功的高级经理人戴夫,他在银石公司工作,那是全世界数一数二的零售商。

有一天,戴夫和我们面谈时忆起了他在事业上的转折点,就是他完全掌握了"何事与何时"背后的"为何"的重要性。当时银石公司正在推出一项营运资金的项目。杰夫是这个项目的副总,他在全公司范围内进行解释:"这是你的做法,这是你该做到的时间。"他提出所有必要的后勤支持,回答所有出现的问题。

戴夫说,杰夫把运作所需的改变定义得很好。事实上,戴夫还曾经在午餐时刻,和那天早上参与说明会的人士闲聊,他的结论是:"毫无疑问,人们一定会去做。他们在实施这项新的营运资金项目时,显然,他们是没有其他选择的。"然后,一件奇怪的事情发生了。

银石公司董事长洛斯预计那天下午,会在同样的说明会上进行演讲。每个人,包括戴夫,都预期洛斯会赞许这项计划。结果,大出戴夫的意料之外,杰夫说过的话,洛斯一句也没说。他只谈到"为何"——为什么这个项目对组织和他们的部门而言很重要?为什么它对会议室里的人们都很重要?

这项计划创造出来的价值不仅有益于每个人,也会让他们对工作更满意,更觉得待在这个公司很光荣。如戴夫自己所说,那对他而

言，是一个大大"开窍"的时刻。

他在会后听他的同事兴奋地讨论着，发现他们对洛斯的谈话印象深刻。他们都在说这些类似的话："嘿，杰夫在说这是我们必须做的事时，我们知道我们一定会去做。但是，洛斯谈到它'为什么'对公司和我们每个人都很重要时，我就等不及了，想尽快走出会议室的门，马上开始执行。"

了解这项任务的重要程度之后，一行人从愿意参与转变为迫不及待出门去做。戴夫从他事业上的那个时点了解到，他如果想要抓住人们的心灵和头脑，就必须事先说明"一定要做"的原因。例如，"我们为什么需要这么做？"

你在考虑沟通你自己的期望时，先思考下面六种方法，说清楚必须应战的理由。

【秘诀：六种方法，说清楚必须应战的理由】

1. 为你的特定听众量身定做"为何"。
2. 遣词造句，尽量简单明了。
3. 诚实坦率，让人们相信它是货真价实的，而不只是"官方的说法"。
4. 让它成为一种对话，而不是自言自语。
5. 创造一个"钩子"来抓住人们的注意力，说服他们"投入"。
6. 以策略背景作为它的框架（说清楚这个期望在贵公司的大方向中扮演的角色）。

"为何"的沟通并不只是说明一项任务或使命背后的理论而已，它传递了一个信息——他们值得投入时间与心力从事这项使命，说服他们做主，使其成真。它告诉人们，你尊重他们，重视他们，认为他们是主要贡献者，需要他们才能成事，在一个"必须告知"的情况下，他们就是"需要知道"的人。

这个方法可以激励士气与人心，让每个人都愿意全力冲刺，得到你期望的成果。我们经常告诉人们，大多数领导者会花费95%的心力去说明"何事-何时"，只花5%在"为何"上。

当你从"何事-何时"法则转而聚焦"为何"时，你就会开始看见你的团队能够更加瞄准他们需要达成的目标。要说明这点，我们来仔细看那六个强制塑造"为何"的方法。

第一，为你的特定听众量身定制"为何"。常识将告诉你，你把"为何"说得越与听众有关，他们就越要去做。谈到期望，它就不是奢侈品，而是必需品。医疗促进研究所估计，因为病人听不懂医护人员在跟他们说些什么，因此医院每年会浪费730亿美元的医疗费用。

首先，医疗促进研究所观察到，医药文字通常是为具有十一年级（相当于中国高中二年级）的阅读程度的人撰写的，而需要了解这些文字的人，却只有小学六年级的程度（美国有9000万名公民的阅读程度在小学三到五年级之间）。

他们同时发现，病人在阅读以十号字印刷的文字时会很吃力，因为字太小。最后，当病人发现医学术语不是简单英文时，就会略过不读，例如，以耳痛（earache）取代"中耳炎"（otitis media）。

结果，在许多案例中，病人都只是在听完医生的说明之后客气地点点头，而不是重述医生说过的话，造成当他们离去时，其实都是一头雾水。为期望链的上线和下线的不同听众量身定做"为何-何事-何时"法则，可以帮助你在沟通时让所有需要了解这些信息的人都可以大声又清楚地听见。

第二，遣词造句，尽量简单明了。假如有位医生希望病人了解他的信息，如果他说"胶囊药品的吸收应该伴随大量的液体"，这个说法是行不通的。他应该说"吃药时请多喝水"，简单明了，就可以让你将信息传达出去。但是，这不见得是很容易做到的事。

有一次，马克·吐温收到一个出版商的电报："需要在两天之内写出两页的短篇故事！"他回答："两天写不出两页——两天可以写30页，两页需要写30天。"

看吧！信息简单明了必须花时间，也需要下较多功夫。但是，如果你的信息简短又清楚，你就能够让期望链里的每个人都能了解你的重点。

第三，诚实坦率，让人们相信它是货真价实的，而不只是"官方的说法"。真实的诊断未加修饰，那么，你是会相信那个似乎不乐意把真相告诉你的医生，还是那个直言不讳的人？大多数人都不喜欢拐弯抹角的两面说法，而是喜欢诚实坦率。组织中的人是多疑的，遮遮掩掩的面纱会让他们一眼看穿，而里面大多是个坏消息。长期而言，"诚实坦率"会走得比较远，比较能够留住那些你所依靠的人们的心灵和头脑。

第四，让它成为一种对话，而不是自言自语。一名优秀的医生会和他的病人"对谈"，而不只是"说"给病人听。

本书有两位作者，其中一位作者的妻子在他们的儿子做过一次重要的检查之后，去见儿子的医生。其实他们早已心知肚明，检查结果很可能是儿子需要进行一次大型的脊椎手术。他们在治疗室等了一个多小时之后，医生终于来到门口，连脚都没踏进来就说："不用担心，一切都没问题。我会安排你们见一位物理治疗师，我连这次见面都不收费。"接着就闪人了。留下惊讶莫名的病人与家属，和一堆问号。

第3章　沟通期望

当你不把人们需要的信息或对话反馈给他们时，往往会导致怨恨与误解。创造一个对话，让人们可以自由提问、听见答案，也许，比你细心准备许多资料还能够让他们投入。

第五，创造一个"钩子"来抓住人们的注意力，说服他们"投入"。有一次在一次身体检查之后，有个护士跟我们说："接下来这一年，每天吃两颗这种药。"她没有更进一步说明，只说检查报告显示胆固醇过高，所以我们的医生要我们吃药。这种说法能够"激励"你去按时服用那些药吗？也许吧。除非你对那位医生完全信任，否则，那只会引起问题和麻烦，而导致无法遵从医嘱。

不过，如果护士说："你的医生建议你吃这种药，因为它延长了成千上万和你情况相同的人的寿命。"较长又较健康的生命？这"钩子"很锐利。

切记，抛出"钩子"时，一定要针对个人的需要，这可以帮助他们"投入"你想要的成果。

第六，以策略背景作为它的框架。我们对医生都是心怀感激的，他们花时间了解我们的病痛损伤，医生给我们的建议也会影响我们日常生活的大方向。

同样地，人们也需要知道他们的工作是否符合组织的大方向，它和组织的整体使命有多么密切的关系，以及目前它为什么重要。认识这个策略上的契合度可以让人们更清楚如何辅助整个组织。在这个背景之下，一个"策略性"的画面可抵千言万语。

你在塑造一个强制性的"为何"时，就是在创建一项对话，将人们带进因果关系之中。他们受到了激励，并且等不及要开始让梦想成真了。

最近我们公司有一位业务经理在给潜在客户打电话时，电话那头是佛罗里达州的一位女士，他开始对着女士说明，我们公司的目标是为客户的组织创造较高当责意识。目标客户说，她的公司并没有人力资源部门，而且只有40名员工。当责？谁需要那玩意儿？

"他们雇用我们的时候，就只是告诉我们该做些什么，我们就照做。"女士说。

我们听见这故事都不禁莞尔，因为有时候人们会误以为，他们不需要也不想知道"为何"，只要有"何事"与"何时"就够了。不过，说真的，假如"为何"对你来说很重要，对任何和你共事的人来说，不也应该同样重要吗？

讨论"何事"

你沟通完"为何"之后，就可以开始准备谈"何事"（What）了。"何事"包含三个讨论点：沟通你所形成的期望，厘清界限，说明既有的支持。对这三点进行讨论，就创建了一个必要条件，让你能够预期成功，同时也不容易失败。

注意，也许需要进行多次讨论。我听一家声誉卓著的国际航空公司的一位机长说，每当公司为驾驶舱里的飞行员施行一项新的政策或程序，一定会详细说明七次——以七种不同的方法，各说明一次。这些政策或程序都是攸关生死的，因此，公司下了很大功夫，保证每个人都能够准确了解。

飞行员都是聪明且受过高度训练的专业人员，他们为什么需要听七次？而且听七种不同的说法？结论是，无论你的智商有多高，也不管你受的训练有多少，经验多么丰富，重复说明就跟"熟能生巧"一样，可以教会重要的课程。谈到期望，为了厘清"何事"，不管花多少工夫都不嫌多。你如果不想失望，事先就必须投入时间与心力，而且必须一再地下功夫。

有效形成你的期望，会让你在沟通这些期望时减少很多麻烦。杰克·韦尔奇在他的《杰克·韦尔奇自传》一书中，提到了一则故事。

他收到一个大有斩获的第四季度营收财务简报，结果却发现其中没有净收入。他询问到底发生了什么事。一行人发动了一项第四季度的绩效比赛，激励了每个人表现优异。那么，利润呢？韦尔奇不解。

"哦，我们没要求利润。"他们说。

因此，韦尔奇继续写出他当时终于明白的事："你用什么方法就会到什么——你奖励什么就会得到什么。"

在这项理解之外，我们还要加上我们的所知，你沟通什么就会得到什么——人们认为你期待什么，就会给你什么。

谈到"何事"，沟通你所形成的期望就是第一步。

要成功沟通你所形成的期望，往往需要一点准备。大多数时候，你会发现书写有助于强化你想说的话，尤其是主要期望。这可以让所有的相关人员确认他们听到的话。让那些你要令其当责的人清楚地知道"何事"，这对你们之后的对话将有很大帮助。大多数"何事"，很快就会变成"如何"。

我们通常不鼓励你跟有能力的人说"如何"，却建议你针对他们交付的方式，讨论清楚"界限"与"支持"。

讨论界限

界限是真实或想象的。事先对界限有所了解，有助于让每个人避开不愉快的意外与损失惨重的错误。但是要小心,别让人们受限于并非真实存在的界限,这和指出界限一样重要。在我们客户的组织中,我们访谈过各个层级,却发现人们往往无法确实了解既有的界限,即使你或许认为根本不可能模糊不清。

由于未曾管理界限而发生的悲剧,导致法国兴业银行遭受了惨痛的教训。期货交易员杰洛米·科维尔的授权交易仓位只有12500万欧元,结果竟造成银行49亿欧元的亏损。银行一开始还声称全无头绪,为何一位营业员的损失能够如此巨大?科维尔本人的抗辩则是,他并未涉及欺诈,只是一不小心跨越了银行设定的某些界限。

他坚持说,他只是被"冲昏了头",而且管理层都知道他急着想要越权交易。科维尔越权的交易仓位显示14亿欧元的利润时,他认为管理层已经将界限搁在一边,装作没看到,也默不作声。科维尔认为,当他的仓位转为亏损时,他们却只是责怪他不该越权。

另一个例子,惠普前董事长帕特丽夏·邓恩由于授权调查私人公司泄漏的信息,而失去董事长的职位。稍后,邓恩承认她授权的调查包含某些不恰当的技术(有人称之为"间谍行为")。

该事件之后,邓恩承认她授权的调查所使用的技术"超过我们的了解,我为这些技术致歉"。如果我们相信她的话,我们可以想象她在交代刺探其他公司的消息时,从来没讨论过哪些是恰当或不恰当的问题。由于她未能有效建立她的期望,而导致她从惠普辞职,以及接下来惹上针对她而来的刑事诉讼。

人们时常在跨越界限之后,才觉察到它们的存在。一点事前的防范可抵事后无数的补救措施,因此合理的做法是,预先将所有的界限沟通清楚。定义界限可以建立持久的信任,做法是,厘清"如何"的各个重要层面，消除想象的界限，因为它们可能成为障碍，以及让人们拥有较大的自由度。在你准备沟通"何事"时，考虑如下关于界限的九个问题。

【秘诀：关于界限的九个问题】

1. 在我们的文化里，哪些是可接受与不可接受的工作方式？
2. 预算、资源与时间限制是什么？
3. 有哪些法律与伦理问题必须考虑？
4. 是否已经厘清既有的优先事项和它们对这一个期望的影响？
5. 我们的策略、战术、品牌设计与目前的执业方式给我们什么建议？
6. 关于（想象的）界限，是否有些错误的假设？
7. 我们是否已经找出所有相关的"运作"界限？
8. 我们必须记住哪些外在因素？
9. 是否能够定义出不可接受的"范围扩大"（任务参数的演变）？

在进行任何界限讨论之前，快速审查这些问题就可以帮助你完整而正确地理解那些界限，它们都可能影响计划的结果。

界限讨论会帮助你建立信任与信心，使"如何"不致危害到"何事"的完成。这项对话可以建立信任，因为它确保人人都能了解他们在大环境之下，哪些事能做、哪些不能做。

它可以强化信心，因为人们明白，你期望达到的成果不会要求他们去做些超越你盘算的事，也不会违反一些规范而可能使他们惹上麻烦，或者危害到组织本身的生存。这项对话也让你能够管理自然的人性，不致造成"范围扩大"——这种任务的扩张会使人们失去重点，而无法交出你真正想要的成果。

讨论界限可以更进一步去除想象中的界限，因为后者只会变成人们成功的绊脚石。问问人们，这些障碍或界限是什么，这有助于让你们的对话转向，让人们更有力量当责，找出有创意的解决方案，而不会把自己局限在想象中的限制中。在你事先去除这些限制后，就可以让人们在事后更有力量取得成果，尤其是当一个问题需要创意与革新的时候。

没有人能对想象中的界限免疫。不久之前，我们自己的信息科技部门就有了切身的体验。越来越多的客户公司在寻找高质量的网络研讨会，包括最高质量的视频流媒体，我们想要引领潮流，而不只是跟随而已。

我们的信息科技部门认为我们的期望有点不切实际，很难达成。

事实上，如果我们固守过去真正的界限，只能在办公室内作业，我们就会同意，他们不可能达成我们对于网络研讨会的期望。然而，我们已经重新划清界限，也安排好寻求外援的预算，这件事需要和信息科技部门多次对话，他们才能够真正向外寻求供应商，帮他们快速建立好网络研讨会。

即使他们在接受事实后，也还是很习惯只依赖内部的运作方式，因此，要让他们放弃那已不存在的界限，所花的时间还是长过任何人的预期。在他们终于放弃之后，他们就用了效率较高的创意去处理这个问题，也根据我们的期望交了差。

这次事件提醒我们，坦率真诚地讨论界限问题可以引发人们的创意，激励他们自问还能做些什么才能满足期望。有信心才能做到这点。当花时间在合适的现有界限之内建立彼此的了解时，就可以建立信心与信任。

讨论支持

接下来要讨论的是，必须达成期望的人可以得到哪些支持。另一个重点考虑的是，"如何"做到。

有位企业界领袖，他的成就让我们十分佩服。他告诉我们，我们时常跟部属说："我需要你做这个。"然后，就任他们自生自灭。我们没跟他们沟通，有什么我们可以帮助他们，以能达成我们的期望。他们常常都已经开始四处奔波，才知道原来自己还可以接受培训、教练、教导，或取得各式各样重要的资源。

有关支持的讨论，应该厘清人们得知"能够得到什么可靠的支持与必要的资源"，这项知识也会提升信任与信心。

为了强调有关支持的讨论，我们时常会谈到一则有趣却发人深省的故事。

案例：因为我的背受伤了，举不起满满的洗衣袋

我们有位客户来自一个医疗管理公司，他谈到，他们的一家医院里的一位女士处理待洗衣物的方式。这位女士最近受了伤，导致她无法用力举起一整袋的待洗衣物，因为她如果这么做，就会拉扯到背部的肌肉引起疼痛。她不知道自己可以向别人求助，因此，她想用自己的方式解决问题——在每个衣物袋里放了一张纸条："请勿将衣物装满！我的背部受伤，举不起来。"

第二天，她不仅没发现袋子较轻、较易提举，反而袋子都塞满了，衣物都出来了。想象一下，她有多么惊讶——显然，她的纸条冒犯了不少人。她拖拉着那些塞满了待洗衣物的袋子，正巧被医院的一

位管理人员看到。他在和她讨论完她的处境之后，建议医院多给她两个袋子，每个袋子的重量就可以减少三分之二。这是个聪明的解决方法，用很少的花费就可以执行，而且让这位女士比较容易完成她的工作。

显然，当人们知道了可用的资源，包括你鼓励他们去寻求意见，了解如何克服障碍，长期下来，就可以比较轻松快速地达成你的期望，也为你省下了时间和金钱。

在较大的范围里，我们看见同样的情形发生在我们一位银行业的客户身上。

案例：先讨论，再执行

这是一家全美的知名银行，零售管理处正要施行该银行策略的一个主要措施，增加行员的引介率，以改善营业额。

一般而言，银行都是集中精力，让行员执行所需的策略；但是，管理层明智地决定，要先和行员仔细讨论他们可以得到什么支持，这个决定可以让他们做得更有效率、利润更高。分行经理、行员主管，加上小组运作，零售管理和其他的业务伙伴全都加入一系列头脑风暴会议，了解如何能够在所有的分行里将这项新计划执行到最好。

在头脑风暴会议中，他们会想到人们需要什么支持，才能完成任务。在最后一次会议中，他们拟出一个策划案，让分行经理和行员主管一同成为分行的管理团队，共同当责、教练行员。

整个团队通力合作，人力资源部门也举办工作坊，教导经理人撰写有效的审查报告。信息科技部门制定了一项跟踪制度，每周更新行员主动引介的情形。零售管理人员每周调整会议议程，以便空出时间审查分行的教练情形是否成功，或者是否遭遇了挑战。有了这项支持，引介次数增加了145%，从这些引介带来的销售业绩比去年同期增加了155%。

由此可见，事先举行支持讨论的结果，会使得一些例行公事蜕变为可观的成果。

确实说明"何时"

厘清"为何"与"何事"之后，你就可以表明你在时间上的期望了。每个主要期望都应该加上一个"在何时之前"，否则，人们的做事态度可能会太随性，或太过匆忙，两者都可能导致令人失望的结果。

你绝对不可以假设人们能够抓住某一特定期望的急迫性。人们只要听见"尽快"，动作就会慢得让你大失所望，因为你说得不够具体。这就是为什么你必须为所有的主要期望加上（或商量）一个思虑周详的"在何时之前"。每个主要期望都需要一个明确的时间点。

截止期限是人生不可或缺的一部分，因此在沟通任何期望时，都必须强调时间。"何时之前"的截止期限里，必须包含明确的"日期"和"时间"。就连"截止期限"（deadline）的起源都强调了它的重要性。

在美国内战时期，监狱里的狱卒会在监狱的地上画一条真正的界线，囚犯不能越过这条线，否则会被射杀，因而有deadline的说法。现在，我们并不是建议你去杀死错过截止期限的人，而是强调你应该"在地板上画出界线"，让人们清楚地看见，并留神注意。

案例：组织文化里，竟然没有"截止期限"四个字！

有时候，你会遇到当责管理的精神和组织文化所强调的内容相矛盾。

我们的客户艾米·高登是多林杰绘图公司的主管，她就曾经和这种文化产生过正面冲撞。

再过两个星期，她就必须向高级主管进行第一次报告，她很怕她的团队会"脱轨"。

她非常认真地跟她的团队说："我很担心。我们只剩两个星期就必须进行这第一次的大报告，但是，我看大家好像都还没准备好。你们还在改来改去，似乎还是不大确定。你们的概念很正确，但是好像没有很好的计划。让我了解一下这是怎么回事。"

她的团队回道："你的意思是什么？再过两个星期？我们根本不知道有这回事。"

这使她大为震惊："你们说真的吗？"

他们说："是的！我们在多林杰绘图公司根本没有什么截止期限。"

艾米马上快速反击："可是我有！我跟主管承诺要在这一天之前提交报告，而且我希望我们可以交付！"

她的团队并不接受她的说法："艾米，你不了解，这里的日期真的是可变动的。"

艾米更生气地回道："这些日期对我来说可不是变动的，从现在开始，它们对你们来说也不是可变动的。"

艾米继续跟我们说，在多林杰绘图这家公司里，不止一个人很明确地告诉她"这家公司没有截止期限"，但她就是"无法了解这件事情"。

在其他员工的心目中，她是"遵守截止期限"的怪人，这种行为根本和整个组织的企业文化格格不入。当然，她对截止期限的执着，是推倒整个期望链的最后一根稻草。

在你的团队、部门、整个组织甚至在外部有影响力的人士面前创造出一种氛围，让大家了解货真价实的截止期限，对于组织是一件非常重要的事情，它可以大大提升每个人达成期望的能力。

用自己的风格沟通"为何–何事–何时"

你的当责风格也会影响到你如何沟通"为何-何事-何时"，以及人们如何接收到你的信息。

比较喜欢用控制与强迫风格的人，可能误以为一次沟通就足够了。前述提到的一家国际航空公司以七种不同方式说明一项新政策或新程序的例子提醒我们，大多数人都需要听到不止一次，才能够清楚地了解别人要求我们做什么，尤其是当我们面对的是环境变化与具有挑战性的障碍时。

永远假设，人们需要多次听见信息并加以讨论，这对你是有好处的。

在设定"何时之前"的期望时，这种风格也比较容易不切实际，设定逼人太甚的截止期限，在无法达成的边缘挣扎，也许从一开始就注定了失败的命运。这种"设法做到"的态度是两面的，有些人可以做到，有些人却不行。控制与强迫风格的人，要提醒自己这句警语："只要不是动手自己做的事情，出乎意料是一件很正常的事情。"

这种风格的人也比较容易在过程中产生厌烦。对这种风格的人来说，花时间谈论期望、界限、支持与投入似乎太麻烦，因为这需要事先厘清不少细节，而他们宁可让人们自己去想办法。

同样地，这时候你必须认清，事先花费的时间是很好的投资，长期下来可以让你省下许多时间，也可以确保人们达成你的期望。

至于等待与旁观风格的人，他们可能落入"同情的陷阱"——在"为何-何事-何时"的对话里，对别人太过体贴，以致觉得有义务供给一些其实不必提供的支持。

如果你认为，自己是个等待与旁观风格的人，你们的谈话方向也许就不利于让他们移除一直以来的疑虑与问题，让他们有效达成期望。你需要避免的是，当你们有数不清的问题要解决时，你却两手一摊，不再讨论，尤其是当别人觉得你必须做到自己该做的事，否则他们就无法前进时。

试着把对话转回到这个问题："你还可以多做些什么，才能继续前进、克服障碍，而且取得成果？"

具备这种风格的人，也许还会觉得就应该跳过"何时之前"的步骤。如果你因为喜欢这些人、尊重他们、信任他们，而觉得"为何要苛刻地给他们一个牢不可破的截止期限"时，切记，因为如果他们不知道有一个到期日，你就是在害他们失败，也帮不了他们的忙。也许你可以和你的伙伴一同练习设定截止期限，他们必须要求你设定一个"何时之前"的时限。

如此一来，就不会有人太过急躁，或者步调太过悠闲，错误地假设他们有一辈子的时间完成工作。调整你的方法，利用你当责风格的优势，弥补你的缺陷，如此一来，你在运用"为何-何事-何时"法则时就会有效得多。

当责实况检查

接下来几天，请你花一点时间在工作中应用本章所学。从你完成第2章的"当责关系表"上，选择一个人进行对话。对话一开始，先说明你希望获得诚实坦率的意见。针对你们最近沟通一项期望的过程，问问此人对你的做法有何感想。使用"六种塑造强制性'为何'的方法"，并以"为何-何事-何时"法则为指导方针。

【秘诀：九个提问，实践"为何-何事-何时"法则】

1. 你有针对此人量身定做你的信息吗？
2. 你是否尽量让信息简单明了？
3. 人们是否认为这些信息诚实坦率，让人们相信它是货真价实的，而不只是"官方的说法"？
4. 你是否使它成为一种对话，而不是自言自语？
5. 此人"投入"此任务的心意有多强？
6. 你是否以策略背景作为它的框架？
7. 你是否使用FORM检查表沟通期望？
8. 你是否讨论过界限与支持？
9. 你是否设定了一个明确而合理的截止期限？

不要找一个你认为已经听懂你的信息的人，而要找一个"没听懂"的人，这样一来，你就会比较清楚自己在沟通主要期望时的风格是好还是不好。

再一次"为何-何事-何时"

在本章中,我们建议"为何-何事-何时"法则的对话必须进行不止一次。就像那个国际航空公司的机长所言,重要的主题,你应该沟通七次,而且用七种不同的方法。一开始就要找个方法进行一次以上的对话,这可以帮助你确保这项沟通充分创造完整的了解:那种能够抓住人们的心灵和头脑的了解。

"为何-何事-何时"法则,是一个有力的工具,让人们能够对准你想要成就的事。要达成主要期望、取得成果,校准是不可或缺的。在当责流程外环的下一步,你将看到究竟要怎么做。

第3章 小结:积极、有原则的方式

快速浏览本章提出的重点,有助于让它们在你的组织中运作起来。记住,要想精通这些步骤与方法,最好的方式就是,选择你目前在日常工作中用得上的部分,并应用它们。

命令、控制、失败

要想达成主要期望,就需要下相当的功夫,个人要全面投入,旧式的"何事-何时"法则已经无法打动人心,让他们投入足够的"心灵和头脑"。

"为何-何事-何时"法则

你需要进行双向的对话,它能够清楚地传达你希望达成的事,让人们能够投入,使其成真。

- 让"为何"具有强制性:谈到"为何"时,必须将人们当成单一的个人，说服他们，"何事"与"何时"的完成攸关他们个人。

- 讨论"何事"：厘清"何事"的第一步，就是在运用FORM检查表之后，有效沟通主要期望。
- 讨论界限：接下来，你必须在事前厘清人们能做什么，以及不能做什么，探讨真实与想象的界限。这项对话要能够建立信任。
- 讨论支持："何事"的最后一个步骤，是在一开始就必须说明，为了帮助他们达成你的期望，你可以提供哪些支持。
- 确实说明"何时"：每个主要期望都应该加上一个"在何时之前"，确定达成期望的日期与时间。

How Did That Happen?

第4章
校准期望

完全校准表示相应一致

现在你已经走完外环的前两个步骤，下一步就是确保期望链上的每个人都已经对准你的期望。你用心形成你的期望，经过彻底沟通，但还是可能无法完成，除非你的期望链里的每个人都能对准那些期望，而且保持在校准状态。

遗憾的是，我们会时常假设人们已经对准，因为我们已经跟他们进行过妥善的沟通，结果一觉醒来，才发现我们期待的成果毫无踪影。

要达成主要期望，必须认清校准有不同的层次。最高层是使人完全投入，成为它的主人，也就是我们所谓的"完全校准"（Complete Alignment）。其他层次的校准，投入程度较低，则是我们所谓的"顺从"（Complyment）。

当人们决定一同朝一个目的地前进时，不是因为他们同意前进的方向，而是因为他们认为向前推进，顺从你要他们做的事，才是对他们最有利的事。现今，组织大多时行顺从规则。它也许可以让"手和脚"移动，却通常无法激发成功所需投入的"心灵和头脑"与当责意识。相对地，完全校准让人们协同一致的程度，使他们相信应该完成期望，而且致力于使其成真。

当你让大家完全校准时，他们不仅会投入他们的"手和脚"，还会加入"心灵和头脑"去完成任务。当人们完全同意这项任务——他们和你一样想要达成期望时，他们就会满足你的期望，甚至会比他们单纯地只是顺从要求时更能超越你的期望。

第4章 校准期望

案例：不符期待的登山绳

想要做到完全校准并不是一件容易的事情。例如，荷兰探险队领队威尔科·范·鲁伊扬在巴基斯坦首都伊斯兰堡的医院病床上，回想他们攀登世界第二高峰K2峰时，发生于2008年8月造成了11人死亡的山难。

经验丰富的登山者视K2峰为险象环生的高山，因为它的坡度比珠穆朗玛峰还陡，巨石更多，天气更变化多端，也更容易遭逢暴风雪来袭。记录显示，有七十几人因为试图攀登K2峰而死亡。

想象你在攀登一座像K2峰这种可能造成生命危险的高山，却发现有个队友带来的登山绳，长度只有你要求的一半。

以荷兰探险队为例，或许有人认为这是个简单的错误。但是，如果你考虑到其实荷兰探险队有多余的时间可以准备（因为恶劣的天气迫使他们必须改变时程，比原订行程晚一个月出发），这个"简单的错误"就变得难以想象，而且完全无法接受。

我们必须了解，为什么登顶所需的绳索数量错误，会造成如此惨痛的代价。在队员开始攀登之后不久，他们看见，在最危险的地段，也就是人知的"瓶颈"地带，有一大块冰块滚落。这块冰块切断了探险队辅助队员登顶的登山绳。

范·鲁伊扬试着解释这起悲剧事件时说："我们犯的最严重的错误，就是试着达成共识。每个人都有自己的责任，结果却不是每个人都信守承诺。"

他"以为"他创造了完全校准，不只针对人们需要做到的事，还让他们明白贯彻执行大家同意做到的事情为什么很重要。

从负责到当责

让范·鲁伊扬沮丧的是，尽管大家在山上面对的是生死存亡的事，他还是没有达成足够的校准，以确保那些简单而可以避免的错误不发生，例如，带来足够的登山绳。因为登山绳不足，范·鲁伊扬忆起整支队伍都在"浪费宝贵的时间，只是为了必须从山底下把绳索切断，带到山上"。

最后，他们虽然有多余的时间可以准备，但由于缺乏完全校准，还是造成了或许是有史以来最严重的山难。

完全校准连锁反应

完全校准不仅可以使人们充满动力，让他们使自己的心灵和头脑负起责任、达成期望，还能启动连锁反应，因为如果有完全校准的人在场，别人的校准程度也可以获得改善。

案例：降低安全事故的发生日数

马克·卡茨是江森自控有限公司副总裁，他的管理团队就体验过这般校准所产生的强大影响力。该公司在《财富》杂志美国二十大最受赞赏公司中连续三年赢得第一名。该公司表现卓越，是因为它有马克这类团队的绩效表现，他们在公司的服务部门里形成、沟通与校准有关安全的期望。影响职场士气最大的莫过于安全的工作环境。

过去一年来，建造效率部门提报102次安全事故，每一次都造成工作日的损失。不仅马克和他的管理团队想看到那个数字降低，期望链上的每个人也都不例外。建造效率部门运用一些与外环步骤相关的法则，创造了完全校准，使期望链上的每个人都了解减少安全事故的重要性。

如此一来，整个团队达成了任务——以工作日的损失为计算方式，在短短一年之内，安全事故发生日数从102天减少到只剩19天，大幅降低81%。

建造效率部门除了注重安全问题，还针对客户的满意度，在公司内形成并沟通期望。他们在整个组织内，以这些期望为中心，将每个部分校准，直到每个人都了解人们对他们的期望，以及他们可以如何帮忙，尤其是前线的工作人员。该团队召集各分公司经理，请他们开会讨论，目的在于组织前线的技工团队，使他们形成校准。

起初，这些对话让技工们颇受惊吓，他们心中充满狐疑："什么？你要我为客户满意度负责？我跟客户满意有什么关系？"

这事一眼望去就不合理，许多人不禁表达他们的疑问："如果别人没把事情做好呢？"

然而，在粗犷的对话与坦诚的讨论之后，整个团队开始产生共识，了解组织想要达成的目标，以及为什么它需要这么做。

最后，一位技工贴切地总结道："如果我们通力合作，客户就会比较满意吧！"该部门就跟处理安全事故一样，再度创造完全校准，客户满意度也因此大幅提升。

如果只需要"手和脚"来完成工作，顺从当然也可以行得通。以大多数日常工作来说，顺从就足以将工作完成，但是，如果要满足所有主要期望，就需要个人较高程度的投入，才能得到人们乐于当责、勇于当责、善于当责的心灵和头脑，每个人也才能贯彻始终。

有了这样的投入，你才有机会得到丰厚的回报，你为了建立完全校准所投入的时间和精力才不致白费。这样的校准不是出自你个人的魅力，而是一个审慎的按部就班的方法，让你能够赢得你所指望的人们的心灵和头脑。投入心灵和头脑的人不会只满足工作的基本要求，而会设法让梦想成真，甚至超越期望。一件事情不仅做了、做完，还要做对、做好。

我们有个客户是一家大型国际连锁饭店，他们邀请我们去帮他们组织内的每个层级培养出当责意识，他们就是一个好例子。

🔍 案例：请问您要选哪一套晚礼服

这家饭店员工问一位房客住得如何，房客回道，一切都很好，只不过他那天晚上需要去参加一个重要的晚宴，但是他忘了带正式礼服。

于是，这名员工自作主张，联系餐厅夜班经理（当时经理还在家），问经理来上班时，能否带上他自己的晚礼服，因为这位经理的体型和这位房客差不多。

夜班经理来上班时，不仅带了晚礼服，而且带了两套，让房客挑选。这位房客对这种超越本分多做一点的服务质量极为惊喜。

于是在退房之前，他向饭店的总经理赞美他们的行为，而且，或许还四处宣扬，他的朋友和同事听了也都觉得很惊讶于这种完全的投入，以及它所得到的成果。

这就是当你投入当责的"心灵和头脑"时的必然结果——你得到那种人们忍不住想要不断谈论的果实。

当然，当谈到人们的"心灵和头脑"，我们谈论的不是个人为了自己和家人的牺牲，而是为了达成期望而做深层次的专业投入。

在《今日美国》的一项专访中，记者戴尔·琼斯问嘉德诺健康集团（《财富》500强的第十九大公司）首席执行官凯利·克拉克这个校准的问题："嘉德诺的员工当中，有大约4500人根本不认识你，你会期待他们为你赴汤蹈火吗?"

克拉克回答:

"我找的是可以自己创业,自己创造一个组织的人,这不是忠诚度的问题,而是要面对现实、当责、做'对的事'。所以,这不是要为我赴汤蹈火,而是即使面前有'汤'又有'火',也知道要怎么妥善处理。"

抓住与你共事的人乐于当责、勇于当责、善于当责的心灵和头脑,是你取得完全校准的另一种说法。

侦测完全校准的线索

如何分辨完全校准与单纯的顺从?你需要仔细看人们在达成期望时,都在做些什么,说些什么。在表4-1中,我们提供了一些线索,让你可以认出它们之间的差别。

表 4-1　顺从与完全校准

顺从	完全校准
1. 人们需要你不断提醒:"我们为什么要做这件事?"	1. 人们会谈到他们此时在做的事有多么重要,有多少正面的影响
2. 人们并没有付出百分百的心力	2. 人们会付出百分百的心力
3. 人们只是在打马虎眼,只想把一件事情"做了""做完"	3. 人们不仅投入地去做,设法完成工作,还能"做对""做好",可见他们是"做自己的主人"
4. 人们和别人讨论任务时,并未表现出明显的热情	4. 人们充满信心地谈论自己这件工作的重要性
5. 人们很快觉得动弹不得,不知道"还能做什么"克服棘手的难题	5. 人们会进行创意思考,会施展开来,克服他们遭遇的所有困难

你可以看到，顺从也许可以把事情"做了""做完"，但是，完全校准能够把事情"做对""做好"。

搬动巨石

当某人遇见了格外惊人的挑战之际，便是完全校准的连锁反应展现出最强大力量的时候。

案例：移开那块巨石，就不用罚杆

1999年的凤凰城高尔夫球公开赛最后，泰格·伍兹开球时，球远远地飞向左边，落在一块巨石旁，离球道有15码（约13米）之遥。

在伍兹的询问之下，一位裁判回答，是的，那块巨石是非固定障碍物，意指球员可以将该障碍物移开，而不用罚杆，一旁的观众和评论家听了都觉得很意外。

它也许是"非固定的"，却至少有1000磅（约450千克）重。十几个观众自告奋勇去搬动那块半吨重的障碍物，大家朝着同一个方向使力，将巨石移到正好有足够的位置可以让伍兹击球。电视上的那个画面使我们想起完全校准的力量，充满热情的一群人一同前进，移动或达成那看似不可能的任务。结果是什么呢？

伍兹继续以低于标准杆一杆的成绩领先，引起了足够的争议，说裁判改变了高尔夫球的规则——现今所谓的"非固定障碍物"，是你和你的球童两人能够搬得动才算。

如果期望链中的每个人，不止一个人，都朝不同的方向"推动巨石"，那么，巨石将是纹丝不动的。

第4章 校准期望

> **案例：浇人冷水的首席执行官**

克利斯·所罗门对公司的成功有极大的贡献，但还是离开了桥港健康公司。才走了短短一年，他又禁不起桥港健康公司首席执行官的热情呼唤，要他回来帮助组织度过他们计划中重要的下一步——提升公司诊所的营业额。

克利斯回来工作之后，全心投入、努力工作，在一年半之内，就在组织内引起另一场重大的冲击。他在整个诊所里引进精实生产系统，因此绩效获得大幅提升。病人的满意度显著提升，诊所内的等待时间大幅缩短，企业整体的绩效表现达到前所未有的水平。

事实上，克利斯的积极进取带来的成就，让桥港健康公司的领导者要他在全国和其他公司分享成功故事。公司人人都知道桥港健康公司将克利斯塑造成一个"明星"，当他在分享他成功的故事，执行精实生产系统的"同仁审查"和"黑带"培训时，都是为了提升桥港健康公司的形象。他的成就已经成为许多组织追求卓越的基准程序。这些表明，克利斯的方向是正确的，而且他自我感觉良好，以为管理高层很满意他的表现。

后来，在一次管理团队的公共论坛中，首席执行官宣称克利斯和他的团队"进步不够快"，说他以为克利斯的成就应该比现在大得多。一席话令克利斯听得目瞪口呆，甚至无法相信自己的耳朵。

基本上，首席执行官是否定了克利斯和他的团队在诊所里的所有成就。他何苦在断尾求生之后，还要被一块厚木板迎面重击？

一个星期一的早晨，怒气冲冲的克利斯和首席执行官、首席运营官及首席医疗官见面。他表示首席执行官的评语使他非常泄气。

"你要我相信我过去这一年的所作所为都是不良绩效吗？"他说所有的大型医院都已经开始采用他的精实生产概念为基准程序。

克利斯想知道："事情怎么会变成这样？"

首席执行官为了捍卫自己的立场，对克利斯说："我不懂为什么你觉得受到了冒犯。"

他以为，克利斯的看法会跟他一样。大家都知道董事会对首席执行官施压，要求改善获利，而且克利斯是最主要负责推动巨石的人。毫无疑问，克利斯将组织内的生产力提升了三四级，但是在把营业额转为获利方面，他的努力还不够。首席执行官不解，为什么在真正的获利目标上，克利斯和他没有完全校准？为什么克利斯将巨石推往一个方向，而首席执行官推往相反的方向？克利斯感受到的是完全沮丧，而不是完全校准，因此，他终究还是离开了公司。

克利斯离职之后，桥港健康公司的病人满意度急转直下，而且，一直到今天还是不见改善，市场占有率也在不断降低。

严重缺乏校准，会使每个人都觉得不满意，也无法达成期望。

切记，要确保团队成员已经完全校准，大家都朝同一个方向前进，最主要的是，要针对你的主要期望进行正确的对话。

校准对话

校准对话可以确保期望链上的每个人都能够投入自己的心灵和头脑，消除单纯的顺从为主要期望带来的危险。校准对话包含三个简单的步骤，它可以帮你判别目前的校准（或顺从）程度，同时判定你还能做什么以取得完全校准。假如克利斯和首席执行官曾经走过这些步骤，他们也许就可以避开因为站在巨石相对的两面，而产生的破坏性冲突。迅速看过校准对话的模型，我们再来讨论你如何将它应用在工作上。

【当责管理模型10：校准对话】

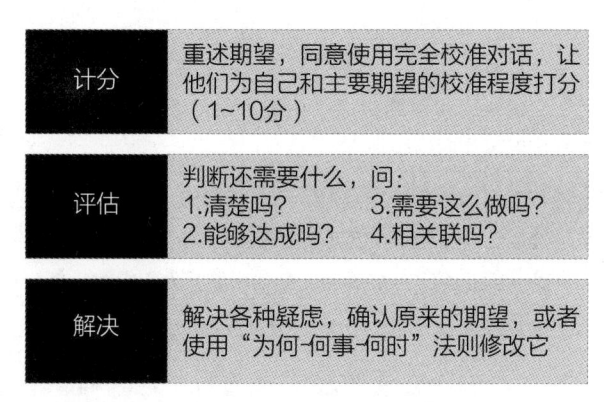

计分	重述期望，同意使用完全校准对话，让他们为自己和主要期望的校准程度打分（1~10分）
评估	判断还需要什么，问： 1. 清楚吗？　　3. 需要这么做吗？ 2. 能够达成吗？　4. 相关联吗？
解决	解决各种疑虑，确认原来的期望，或者使用"为何-何事-何时"法则修改它

第一步：计分

当感觉有任何未曾校准的情形时，请你开启这项对话——先将期望重述一遍，并同意使用校准对话。要求人们同意使用这个工具，就是允许人们在这个工具的参数之内运作，以取得完全校准。之后，便开始和大家进行一场开诚布公的对话，讨论他们同意你的期望的程度如何（当然，我们假设你们已经有效形成与沟通该期望）。

我们建议你要求他们指定一个数字，代表大家同意的程度，因为这可以让你有个比较具体的感觉，了解他们目前的同意程度和你想要达成的程度之间是否有距离。分数低表示你们还需要努力。分数越高，尤其是10分的话，就会让你觉得越安心，因为期望链上的人都已经进入状态，他们会投入自己的心灵和头脑在任务里。使用表4-2来诠释你的结果。

表 4-2　解读校准对话

假如他们回答的分数是	那么他们也许……
1~2 分	不同意你要求他们前进的方向。需要相当费功夫，真正理解，才能让他们前进。未曾解除他们的疑虑，却要求他们前进，很可能带来抗拒心理，产生怨恨
3~4 分	有点同意"为何"，但是也许没有真正了解。他们也许最担心的是"如何"，而且发现该期望很难达成。你可以说服他们改变心意，但你需要直接解决他们的疑虑
5~6 分	他们对自己该做的事有点怀疑。他们也许了解"为何"，却不懂"为何是现在"。瞄准并解决他们的问题根源，就可以让他们很快步入轨道
7~8 分	同意，但是再多一些对话，就很可能让他们带着心灵和头脑一同前进
9~10 分	强烈地支持这个方向，也已经做好前进的准备

在这个校准对话里，你要激励大家直言不讳、有话直说，鼓励人们给你完全坦率的答案。清清楚楚地让他们知道，你要听见他们真正的想法，而不是他们认为你想听到的答案。

第二步：评估

在对目前同意的程度有所了解之后，你就可以判断还需要什么以取得完全校准。人们无法校准的原因各不相同，但你可以将它们进行分类，提出如下四个主要问题：

1. 清楚吗？
2. 能够达成吗？
3. 需要这么做吗？
4. 相关联吗？

这些问题可以引导谈话，讨论少了些什么。如我们在《翡翠城之旅》一书中强调的："校准是一个过程，而非事件。"某些自然力量的不断干扰，造成人们无法校准。长期下来，一项期望可能再度变得模糊不清，或开始偏离公司的愿景——市场环境也许发生巨变，或者公司的资源使得工作更难完成。

无论原因是什么，上述四个问题是很方便的工具，可以用来判断校准不良的源头。即使你在一开始的校准分数是完美的满分——"10分"，也会有一大堆正常业务的变动改变你的同意程度，无论你身处期望链的哪个位置。

"清楚吗？"这个问题让你可以评估某人对这项期望的了解。答案也许可以显露你并未妥当形成或沟通你的期望。

案例：我该满足谁的期望

我们有位客户是一家大型企业的服务部主任，她问该公司的50名副总，他们是否满意她的部门带给他们的经验和成果。由于这些人包括负责监管公司补助的人，因此服务部主任要确定每个人都很"清楚"她的团队提供的支持是他们想要的。每个人都很客气地回答："是的。"她的团队很和善，总是愿意帮忙。这项回应让这位主任乐不可支——直到她听见一句让她很不安的话："但是，如果你的团队明天就走了，那对我们其实没有任何影响。"

这位主任向她的团队转述这句话时，他们都强烈地表示无法认同。"他们不可能不满意我们交出的工作成果啊！他们叫我们做什么，我们就做什么。你一定是找错人了。去找那些副总的下属。我们知道他们很满意，因为他们总是跟我们这么说！"

这个反应，使得该主任必须向她的工作伙伴说清楚、讲明白，他们部门的资金来源是公司的管理团队，如果从管理团队的角度看起来，他们交出的成绩没有任何真正的价值，他们的资金就会立即停止。该团队努力执行服务部门的支持工作，却并不"清楚"他们该满足谁的期望。

这个故事给我们的教训是，必须达成期望的每个人都能够给你坦诚的好意见，表示他们确实清楚了解，在你得到这些意见反馈之前，绝对不能假设他们已经清楚了。

"能够达成吗？"换句话说，人们真的能够交付一项特定期望吗？他们在考虑自己的技能、可用的资源、其他同样需要完成的重要事项，以及既有障碍之后，他们还觉得自己真的可以做到人们要求的事吗？假如答案是否定的，那么，完全校准会显得遥不可及——有时候，这个问题甚至攸关生死。

案例：我们也许太高估自己了

1944年，盟军发展出一套攻击计划，要攻占荷兰东部的一排桥梁，这样盟军才能够有向前推进的路径，而不用遭遇德军的防御阵线。在这一排桥梁中，最北端在阿纳姆小镇上，是横跨莱茵河的一座桥。该计划预备在那些目标桥梁附近降落伞兵部队。这些伞兵部队会从地面部队得到支持，让他们可以循着唯一的大马路往北方前进，而这条大马路会经过那些已经攻下的桥梁。只要士兵们攻占阿纳姆的那座桥，就等于除去挡住德国入口的最后一个天然屏障，即莱茵河。

在计划会议上，英国的布朗宁中将当时是盟军第一空降部队的作战副司令。他向陆军元帅蒙哥马利将军提出"可达成性"的问题，他说："我们也许太高估自己了。"

最后一分钟的侦察照片显示，德军的装甲兵团已经就定位，要挡住盟军的进攻。英国对这些报告视而不见，认为那些装甲车根本起不

第4章 校准期望

了作用。就连荷兰的地下情报都证实了这项威胁，但这些警告都被当成了耳边风。后来的结果是，事实上，有位指挥德国后备军人的陆军元帅已经将他的部队部署在那个地区，可以提供强大的防御能力。

更惨的是，盟军没有足够的飞机运送装备与伞兵。也没有人确定重要的通信设备是否能够传送那么遥远的距离。除了这些问题，最困难的一点是，要攻占阿纳姆的那些桥梁，需要将伞兵降落在离桥8英里（约19千米）之遥的地面，然后在敌人的炮火之中，伞兵必须横越一望无际的田野。这整个攻占桥梁的计划，还得看盟军的地面部队是否有能力在两三天内，顺着一条狭窄的马路及时赶到，以强化守住桥梁的伞兵部队的兵力。

遗憾的是，布朗宁将军提起的"可达成性"对话无疾而终。历史显示，伞兵部队抵达了桥梁，援兵却始终没到。这一场大败耗费了珍贵的生命与时间。又过了半年多，盟军才经由德国雷玛根市的鲁登道夫桥跨越莱茵河。

"需要这么做吗？"人们认为"为何"的理由足够令人无法拒绝吗？探索这个问题，可能会揭露期望链上的一些令人意料的问题。

案例：准时完成百分百的计划

非营利医疗组织西奈的威望很高，首席信息官在整个信息科技部门沟通一项期望，表示他们要"准时完成百分百的计划"。

他最顶尖的团队听到这项要求时不禁存疑。他们不仅认为这是个不可能的梦想，也觉得没有必要，因为这一行的人不会预期能够准时完成每个计划。当对话到达外部的供应商时，反对的声浪更强烈，因为这是许多人觉得自己无法掌控的变数。这是不可能的事。

然而，当首席信息官更详细说明"为什么需要这么做"，并且让他的团队感受到不得不如此的强制性时，人们开始恍然大悟。"我们为什么要去用一些根本就不能交付的供应商？"他们开始这么想。

当首席信息官看向期望链下线的供应商时，他清楚地看到"准时"的目标非靠他们不可。也就是说，他必须像面对他的手下一样，给供应商一些必须准时的理由。

"相关联吗？"人们是否看见你的期望在策略上符合组织的重要目标？如果不符合，他们就不会和你的期望完全校准，因为他们认为两者之间的优先级有所冲突。

🔍 案例：不，这是可能的任务

赛瑞迪恩公司的保罗·埃弗里特负责该公司的人力资源部的员工服务中心。他的上司期望保罗的部门给他两个成果——改善的服务和改善的营运利润。这对保罗来说，并不意外，因为他的重点一直都是这两个目标，而且他觉得他的部门在这两方面的表现都有很大进步。

过去这一年，平均回答速度降低12%，也就是说，回答一个客户从4.44分钟减少到3.91分钟，成本降低整整7%。然后，保罗的上司设定了新的一年的目标为："我要平均回答速度降低到1分钟，成本再降低8%。"这让保罗很担心。

这个部门已经摘下"所有容易摘到的果实"，也就是最容易达到的平均回答速度和成本降低。他虽然很想让老板满意，但怎么做却毫无头绪。他们也许可以把平均回答速度减少到1分钟，但是如果降低成本、减少资源，那就做不到了。他思考着这个两难困境，最后看到了唯一的解决方式——更进一步的投入科技与培训。

打定这个主意之后,保罗便和管理团队进行校准对话,沟通他们真正想要的是什么。每个人都想达成这两项期望,但是赛瑞迪恩目前的策略方向需要资金,意指必须删减预算。这在保罗听来,似乎他们希望用较少的资源、提供令人满意的服务,但是,他无法肯定。

他和上司对话时说:"我无法在降低8％的成本下,达到平均回答速度降到1分钟的目标。因为我需要一部分预算去做到这点。要降到1分钟的目标,我需要下更大的功夫。"

接着,他提出自己的解决方案:"我觉得我可以在目前的状况下,做到2分钟的程度,也达成财务绩效的目标。"换句话说,他在问:"管理团队真正要什么?"他的上司同意这个策略目标——先达成财务数字,再降低平均回答速度。他们很快谈妥,目标是降低8％的成本,平均回答速度降至2分钟。

当你的上司要求你做某一件事时,你自然想说:"好,我会做到。"但是保罗知道,这一次他如果这么做,一定会失败。因此,他直截了当地回复他的上司。这么做,他会被炒鱿鱼吗?你想太多了!

人力资源部的员工服务中心在过去从来没有2分钟平均回答速度的纪录,但是接下来这一年,它的月平均值低于2分钟。那么,达到降低8％的成本了吗?年中时,公司找了每个部门,包括保罗的服务中心,要求他们进一步降低预算。

现在,保罗的团队已经比原来的规模小了四分之一,因为员工离职之后,他并没有增补遗缺,但是依旧维持2分钟以下的平均回答速度。保罗将他在服务中心的努力成功连接到公司的策略,因此现在他负责监控全国许多地方的客户服务平台,这个发展并不令人感到意外。

在一个矩阵般复杂的环境里，你所赖以成事的人还必须做些别人的事，而他们追求的是不同的工作重点，因此要将期望连接起来就格外困难。这时候校准对话就变得格外重要，因为在期望互有冲突而发生问题时，它会帮助每个人避免或解决这些问题。

第三步：解决

在指出有哪些缺失之后，就可以开始解决任何存在的疑虑了。完全校准要求你劝说与说服，而不是控制与强迫。后者可能逼出顺从的情形，却无法让人们在前进时带着成功所需的高度活力与热情。迫使人们校准也许可以让人们前进，却不见得可以让他们思考。了解人们关切的事物，努力捕捉他们的心灵和头脑，这会花比较多的时间与功夫，但是绝对值得。

校准对话的这个阶段需要你去了解人们所有的疑虑，尤其是他们所担心的真实障碍与想象中的障碍，那么你就可以直接面对它们。做法是，提供信息、教练与意见反馈。如果你真的想要完全校准，而不只是顺从，那么你必须劝说与说服人们在这项工作中投入他们的心灵和头脑。我们所谓的"职位权力"可以使人们校准，但是，威权往往只会导致顺从。

另外，"劝服力量"则能够产生热情，只要你能够和人们坦诚对话，诚实地面对他们的需求和疑虑。两者的差异如表4-3所示。

表4-3 职位权力与劝服力量

职位权力	劝服力量
你跟人们说你的想法，然后要求他们表示自己的看法，只是为了确认你自己的意见，而不是为了寻求如同忠告的不同意见	你鼓励人们大声说出他们真正的想法，等他们说完，你才表达自己的看法

续表

职位权力	劝服力量
你把信息保留给自己，不想说服别人	你提供信息说服人们，说明你的期望有其必要
你太快切断工作流程，想不断前进，无论人们是否做好足够的准备	你对流程表现出适宜的耐性，让人们可以仔细斟酌各种问题
你告诉人们："就是这样。"	你让人们有机会接受你要求他们去的地方
你说你想知道人们是怎么想的，然后却又设法提醒他们——你才是老板，这是你做主的时候	你以各种方式邀约坦诚的评论，如私下征询、电子邮件，以便了解人们真正的想法

当你设法为主要期望创造完全校准时，就会发现劝服力量尤其重要。当然，你可以只"要求"大家列队成行，而且他们很可能就会这么做。但是你无法要求他们精神振奋、热情投入，为这项任务发挥极致的创意。没办法，你必须去争取才行。最好的争取方式是什么？答案是，通过劝服力量。

你解决任何疑虑之后，可以根据由对话中得来的新信息，确认原来的期望，或者加以修改。如果已经得到完全校准，也许就不需要再去修补原来的期望了。

假如对话使你必须重塑期望，就要运用"为何-何事-何时"法则重新设定，重新沟通。回头想想保罗的两难处境，他对管理高层的期望做出的诚实反应，使得他们修改期望，使它变得比较容易达成，也让每个人都从同一个方向使力推动"巨石"。

校准具有挑战性的期望往往需要讨论"如何"，我们在解决一些疑虑时，自然也会产生这种对话。有些人需要彻底讨论"如何"，有些人则不需要，这就是现实。然而，不要假设某一种形态的人，会把事情做得比较好。如果你想对期望链上的每个人进行校准，就应该知道他们是否需要"如何"的对话，顺利把球推进去。

当然，进行"如何"的对话，并不表示你必须明确告诉人们"该做什么"。只是说，你要听听他们担心"如何"完成的问题，帮助他们看到他们可以自己想出办法。你也许觉得，你是付钱请人来帮你想出"如何"的，你根本就不应该处理这个问题。在完美的世界里，也许真的如此，但是，如果某人需要这次对话才能进入状态，你就得花点时间帮助他们看到自己有能力达成这项期望。

是不是有这种时候，你就是无法取得共识，但还是必须咬紧牙关继续前进？当然。但是，如此一来，你就接受了人们不过是顺从而已。这并不尽然是世界末日。然而，我们建议你自问这个问题："如果我指望的人只是顺从，那么，他们能够完成这项工作吗？"在面对主要期望时，如果你能创造出完全校准，解决疑虑向前推进，十之八九你会得到更丰硕的收获。

最近有位客户提醒我们，人们针对某一特定期望校准的能力，很多时候是看他们觉得自己的工作负荷是否过重。

他和他的直属下属进行每月一对一谈话时，都会空出一段时间进行"你的时间"（这是他的形容）。这时候，人们可以提出任何个人的问题与疑虑。他说，可以预测至少有四分之一的人会抓住这个机会说些这样的话："嘿，我的工作太重了。"

这位客户表示，他们有这种感受时，表达出来的意见就会变成完全校准的绊脚石，而且在不久的未来就可能出现。要把这点放在心上，定期了解人们"跟上"工作的情形如何。要找出工作负荷可能在什么时候影响校准，我们建议你提出这些问题（见自我测试4），先问问自己，再问问与你共事的人，你就可以衡量他们跟上的程度如何。

对自我测试4中的每个问题，选出最合适的答案来形容你目前的感受。

【自我测试4：我"跟得上"吗？】

针对以下七个问题，请从三个描述中，选出一个最能形容当下感受的答案。

我是否……		答案一	答案二	答案三
1	觉得自己无法承担眼前工作量？	总是	时常	从不
2	觉得自己"赢不了"？	是的	也许	不会
3	认为我会赶不上一些截止期限？	是的	也许	不会
4	相信未来还会压力重重，看不到"轻松的"时候？	是的	不确定	不会
5	觉得重要的待办事项堆积如山，而我完成它们的能力是……	完全能	多少	完全不能
6	因为工作量太多，我觉得我无法成功？	总是	时常	从不
7	因为人们不了解我无法完成他们交办的事，所以我觉得很沮丧？	是的	有时	不会
各栏得分				
总分				

现在，计算得分的方式是，"答案一"得3分，"答案二"得2分，"答案三"得1分。将分数加总，接着用"跟上"计分卡（见表4-4），进一步解读得分代表的意义。

表4-4 解读"跟上"计分卡

你的分数	表示你是……
18~21分	油尽灯枯型（BURN OUT mode）： 你需要有所改变，以便长期运作，因为你能以这种步调继续下去。 ▲（如果你不做任何改变，你可能要付出的）潜在代价：个人的问题，例如健康亮起红灯、家庭压力，以及成为公司潜在的"灾难"。你会越来越无法和主要期望校准，这点会成为达成期望的障碍

续表

你的分数	表示你是……
14~17 分	无法招架型（OVERWHELM mode）： 你觉得你无法承担自己的工作量。你也许可以让所有的球都维持在空中，但是很容易在任何时候掉下一颗或更多颗。 ▲潜在代价：你会很容易前进到油尽灯枯型，或者离职为别人工作。你的工作量降低了你校准的能力
10~13 分	使其成真型（MAKE IT HAPPEN mode）： 你很忙，却不至于忙到无法招架或油尽灯枯。你知道你可以应付你所有的工作，也有信心达成每个人的期望。你有能力维持这样的步调，而且可以保持校准，因此你很可能达成所有的主要期望。 ▲潜在代价：你知道你对组织或团队的付出可以更多。你自己如果能够进一步投入，就更能够帮助你的组织达成主要期望
7~9 分	我还能做更多型（I CAN DO MORE mode）： 你正在进行你的工作，但你可以做得更多，以便协助你的组织达成更高绩效。你投入了你的"手和脚"，却不见得投入"心灵和头脑"。你的投入程度增加时，如果你觉得不自在，或者需要做出的改变多于你的意愿，你和主要期望校准的能力也许会降低。 ▲潜在代价：你的组织或团队受的伤害不大，因此你会不愿意投入"心灵和头脑"去改善绩效，做出超越期望的事。你也许会对自己眼前的工作失去兴趣，而去追求另一个比较有挑战与报酬的工作机会

校准会议

要想持续诊断你是否已经校准，就需要不断对话。我们发现，有些团队与组织会在现有的协调会议中安排校准会议，尤其是当他们感受到缺乏校准将威胁到任务的完成时，这个做法将对他们有很大帮助。这些简短的会议定期举行，与会者都是期望链上的相关人士，这些会议有助于让你了解组织内的校准程度，确保所有连接的关系都维持在同一个方向上。你在进行校准会议时，要确实将如下项目安排进议程中：

【秘诀：三个技巧，将校准对话排进校准会议的议程】

1. 为某一个个人或团队找出主要期望。
2. 在这些期望中应用校准对话。
3. 定期以"跟上"测试确认现况。

要想让校准会议运作良好，最好是使用双向对话。我们对别人都有期望，他们对我们也有期望，这并不是单行道。在我们的经验里，人们会期待这些会议，因为他们希望有机会谈论自己的工作。这个会议必须定期举行，因此人们会预期自己有机会讨论一些可能被深埋的问题，以免他们无法真正校准，而无法达成你的期望。

有一件事要很小心！我们都会以为，期望链上与我们越接近的人，校准程度会越好。事实上，根本没有所谓"近距离校准"这回事。要想确保期望链上的人都能完全校准，就必须考虑链上最脆弱的连接，在所有重要的时间点用心进行校准对话。

其实，期望链上最脆弱的点，可能是你每天一起共事的人，也可能是期望链下线接触最少的人。注意，任何人都可以进行校准会议。你可能和你的直属团队进行校准会议，你的制造部门可能和供应商对谈，服务人员可能和客户对话。记住，那些和你有直属关系的人，以及期望链远程的人都需要定期评估、强化校准。

当责实况检查

在你接下来的三次定期一对一会议上，无论它们原来的目的是什么，都试着把校准检查加进会议里。假设你要跟你的执行助理讨论他们的工作，以便让你向上司进行每月会报。不要只问他们"目前事情进行如何"，而要运用上述的校准会议议程。要注意最可能无法完成的期望，也要注意思考整个期望链，选择最脆弱的环节作为你的重点。经过练习，这种实况检查可以进行更深入的运作，它可以有效避免许多意外，让事情如愿成真。

校准风格

就跟当责流程的所有步骤一样，当你进行当责对话时，当责风格也会起到一定的作用。具有控制与强迫风格的人比较容易依赖"职位权力"，以威权要求别人对准自己的期望，这种人的作风也许明显，也许隐晦。对他们来说，"职位权力"代表自然设定的行为，其设定就是为了节省时间，加速决策流程。面对需要校准的人，他们的不耐烦真的会产生后坐力，使得人们不愿花费太多精力去完成工作。他们引导讨论的方式，必须注重流程与时间轴。这里要注意的是，时间轴的设定很重要，需要那些尚未取得成果的人加入并且发表意见。

这种风格的另一个危险是，以威逼胁迫的方式使人顺从要求，而成为"告诉我该做什么"工作模式的受害者。

发生这种情形时，不能全心投入的人也许会安全经过"完全校准"的动作，不过，实际上他们不过仅止于顺从而已。缺乏热情，就不能保证他们全神贯注、尽心尽力达成期望；他们也许会前进，但是步履蹒跚。因此，你必须进行一场坦诚的讨论，而不是设法解决所有的问题，以为如此就能够避开这个共同的陷阱。

具有等待与旁观倾向的人，通常过于依赖"关系"的力量，他们不想进一步说服，而是假设忠诚与信任会自然而然发生，希望别人会为了这些理由而"自动自发"校准。

忠诚，确实是个强大的激励因素，但是，过度依赖忠诚会使人们面临意外状况时，感觉遭到背叛。要让人们知道你感谢他们的信任，但是不要假设他们只为了这个理由而前进，这将有助于创造开放的对话，使得结果大为不同。

此外，等待与旁观风格的人在校准对话中的"解决"步骤时，也许不会去留心细节。他们不会深入挖掘各种议题去处理细节，因此会做出错误的假设，以为某些问题已经解决了，而事实上问题依旧存在。提供详细的信息，说服别人接受这个方向的价值，这对于得到他们乐于当责、勇于当责、善于当责的心灵和头脑而言是无比重要的。

心灵和头脑

这一整章我们都在讨论"手和脚"及"心灵和头脑"之间的不同。当责流程的外环步骤，谈的都是如何帮助人们成为这个期望的主人，仿佛是他们自己的想法。拉拢人心，你就掌握了坚定成事的最主要因素。约束头脑，你就点燃了最有创意的思维。因为它们会设计出各种解决方案，那是你或他们从来没有想过的。

"心灵和头脑"成事的力量也许看似显而易见，但是，如果他们在任务里只用上自己的"手和脚"，那么你将付出的代价也许不那么明显，却是实实在在的。你可以轻易看见"心灵和头脑"的运作，却不见得能够想象少了它们会如何。外环的下一步——检视期望，将协助你判断你是否已经得到那样的全心投入。

第4章 小结：积极、有原则的方式

在你进入第5章之前，请先暂停一下，想一想，我们在第4章介绍的主要概念。遵循这些步骤，执行这些法则，将帮助你创造良好的当责关系，通过期望链，取得更佳成果。

完全校准表示相应一致

尽管校准有许多不同的层次，不过，如果想让主要期望成真，无论如何，最后只剩两种——顺从与完全校准。

完全校准连锁反应

顺从，为任务带来"手和脚"；完全校准，则约束"心灵和头脑"，也会影响每个期望链上的人。

搬动巨石

如同你在凤凰城高尔夫球公开赛中看到的伍兹，校准过程需要期望链上的每个人都从巨石的同一面施力，朝同一个方向推动。

校准对话

使用校准对话取得完全校准的三个步骤：

1. 计分：也就是重述期望，同意使用校准对话，让他们为自己和主要期望的校准程度打分（1~10分）。

2. 评估：也就是询问："清楚吗？能够达成吗？需要这么做吗？相关联吗？"

3. 解决：也就是解决各种疑虑。记住，要注重劝服力量，而非职位权力；确认原来的期望，或者使用"为何-何事-何时"法则修改它。

校准会议

在你现有的会议上，加上校准项目，你就可以定期找出你最优先的期望，进行校准对话，并定期使用"跟上"测试。

第5章

检视期望

检视你预期见到的一切

此刻,你走上了当责流程的最后一步——检视期望,也就是检视你预期见到的一切。要想取得你要的成果,全看你是否做好这一步。如果没做好,则表示你在形成、沟通与校准主要期望时所下的功夫都会付诸东流。

案例:检视期望,重回昔日荣光

妥善执行检视步骤,也许你就会真的看见人们超越了你的期望,这正是发生在派瑞·罗威身上的事,他是轴心牙科器材公司(简称轴心公司)的总经理兼首席执行官。

派瑞的公司提供牙医的仪器设施给其他经销商,经销商再将这些产品直接贩卖给牙医诊所。六年来,该公司一直保持着33%的复合增长(Compounded growth)。他们的成功让每个人都感觉很舒服,尤其是销售人员,他们已经习惯于接受慷慨的佣金支票了。

然而,几乎毫无预警的是,轴心公司经历了销售增长骤降至几乎为零的一年。对派瑞来说,这感觉就像他那辆高性能跑车在比赛中意外出现故障,需要紧急修复。那年的年度商务会议短得很不寻常,气氛也不大好。

轴心公司第一次在现场只表彰了一个人的业绩达到计划的100%。这导致整个组织受到的震撼非同小可。然而,多亏有派瑞,他不仅没感到绝望,甚至抓住这个机会,将它当成进行重大改变的警钟,而且改变要快。

派瑞最先的分析结果是,将绩效变差的原因归咎于销售代表,认为

第5章 检视期望

他们不大注意产品的终端使用者（牙医诊所）的销售情形。然而，在进一步挖掘后，他发现还有更深层的原因。是的，销售代表不够重视终端使用者的销售结果，但是，这又是谁的错呢？管理高层也没将终端销售的重要性，清楚地传达给期望链上的每个人。换句话说，有太多人由于缺乏校准，因此都在状况外。派瑞对我们坦承："在某个时刻，我就开始不再注意这点，也不晓得我的管理团队真正需要些什么才能达到终端销售设定的目标，这时候，我们就开始兵败如山倒。"

于是，派瑞和前线部队一起努力，将重心从经销商的发票转移到终端使用者的订单。他非常有技巧地形成他的期望，进行沟通，因此很轻松地让大家都对准他的期望。然而，派瑞知道，要想以他期望的速度尽快产生真正的改变，他就得密切注意这项行动的执行状况。

开始检视之后，他很高兴地发现销售团队在努力工作，却也不悦地发现公司的其他部门都还只注意销售渠道的前端。在他深入探讨、找出重点错误的最主要原因后发现，问题有一部分来自轴心公司用来更新进度的报告。

明确地说，每个部门都必须等待30天，才能收到报告，也才能得到他们需要的意见反馈，之后才能决定是否需要做出任何改变来达成计划目标。30天之后，当他们收到要命的数据时，已经来不及让任何部门做出反应。派瑞知道他需要让整个公司按时进行检视，相关部门才能针对数据做出反应，以便进一步采取必要的措施，达成他们期望的业务增长。

轴心公司要求他们的经销商每星期提交报告，简述销售渠道直达终端使用者的所有信息，以便了解牙科诊所真正下订单的情形。刚开始这项要求并不被经销商接受，因为他们通常只提供这些信息给最大的公司，但轴心公司尚未达到这个规模。然而，轴心公司在几次协商之后，终于说服经销商同意他们的要求。

不久之后，所有部门每星期都会收到正确的信息。现在他们知道了经销商的订单数量，当他们发现订单数量滑落到预期以下时，就有了足够的准备，可以做出快速反应。他们持续不断地查看这些新的报告，打开了对话的大门，更多地使用电子邮件进行沟通。每个人都开始寻找成功，而当他们未能发现成功时，就会开始询问自己还能多做什么以取得成功。

有趣的是，在新的报告出现之前，人们都还叫不出终端客户的名字。现在，有了这些信息后，他们开始行动，帮助拉动需求。

派瑞检视自己的期望之后，推动轴心公司的"野战部队"前进，使他们重新赢回昔日的光荣，不久之后，超过一半的业务代表都百分百完成了任务。轴心公司让自己回到了正轨，抓住了公司市场占有率增长的好机会。也许更重要的是，派瑞已经不再是唯一检视自己的期望是否达成的人；现在，在公司里有无数双眼睛，都在帮他看着整个渠道的业绩。

我们有许多很有说服力的故事，可以用来呈现不断检视期望的重要性，以及这个动作对成果的影响，轴心公司的故事不过是其中之一。

人们时常根据不切实际的幻想描述成果："只因为我说会发生，它就会发生。""只因为我跟人们说了我需要，他们就会做到。"

事实上，我们可以打赌，你的经验会证明事与愿违。其实，我们都心知肚明，通往目标的途中会不断冒出许多压力与问题，包括相互矛盾的个人动机，不断变化的需求，以及严重的路障，这一切都像赶进度、凑热闹一般同时发生，将人们准时交付的努力导向岔路，尤其是处理棘手的工作时。

在压力之下，人们很容易偏离正轨，无法完成我们对他们的期望。因此必须下功夫，将期望链上的每个人都维持在轨道上。检视期望有助于确保你维持这个专注力。

以积极、有原则的方式检视期望，是一项经过深思熟虑且预先计划的行动，具有如下目的：评估主要期望的现况如何，确保持续校准，提供所需支持，强化进程，促进学习，这一切全是为了达成期望中的成果。

在检视期望的过程中，人们开始清楚地发现当责的作用。当你开始检视期望达成的情形时，人们开始确认你在认真地要求他们当责。同时，你展现了个人当责——为了取得成果，全心全意、不计代价。就和大多数事务一样，让人们有足够的心理准备，确信他们知道你对他们的期望，将使人们变得更有生产力。

让人们准备好接受检视

经验会告诉你，如果你事先没让人们有心理准备就发动突击检查，他们很可能对你的检视动作不会有好感。想一想，你很期望测验和考试吗？当你知道某人会检查你的工作进度时，你会不会觉得紧张？人们有这种感受也是理所当然的。

请想一想自己向别人确认工作进度时的行为，以便进一步了解别人不想让你检视工作进度的原因。

【秘诀：人们不想让你检视工作进度的六个原因】

1. 他们认为你的跟踪代表你不相信他们能把工作做好。

2. 他们想要被"赋权",不想被"猜疑",他们在你的监控之下行事,反而会使他们的脚步变慢。

3. 他们不想让你失望,怕你发现他们达不到你的标准。

4. 他们想要完全居功,不想让你逼他们跟你分享他们的奖励,因为,他们认为那是尽了他们的职责之后才获得的成果。

5. 因为不需要你费时关注,他们可以自豪地向组织进一步证实个人信用与存在价值。

6. 他们认为你的检视,对他们完成工作的能力毫无积极作用。

如果你不能事先认清这些疑虑,并将它们处理好,那么如果人们抗拒你的检视动作,就不要感到意外。然而,如果你能够取得彼此的理解与认同,明白检视工作将如何进行,那么你通常会发现,检视过程不仅可以帮助你建立良好的当责关系,还有助于人们交出你想要的成果。

我们建议,当你检视他人时,用上外环的四个步骤——形成期望、沟通期望、校准期望和检视期望。如果遵循这些步骤,你就会发现人们的接受度会比较高,有时甚至会热切地参与这个过程。

形成一个你将如何检视的期望,使用"为何-何事-何时"法则进行沟通,并且进行校准,让每个人都能够投入检视的过程中。你要偶尔对检视过程本身进行检查。也许过去你没用过一个完全刻意而有意识的检视过程,但是,如果现在开始做,不久你就会发现这个过程会帮你省下许多事后纠正的时间。

有效的检视过程必须扩大到整个期望链,而不只是和你最接近的人。要求组织内的每个人都去检视期望链的下线,从他们的直属客户到终端使用者,帮助每个人了解他们需要做什么才能达成期望,正如轴心公司的派瑞。

在期望链的不同点上，检视方法会有所不同。很多时候，你只需确保每个人都以妥善的方式在检视别人即可。同样地，对你而言，检视是当责的表现，目的是确保你正在尽己所能帮助人们成功达成你的期望。检视目的中的每个要素，能够让你用积极、有原则的方式检视别人。

评估现况

评估进程是检视的首要目标，正如你的医生会安排定期的健康检查，以保证你的健康，确信一切都照常运作，而且没有潜在的问题。这时你要保证一切都在正轨上，没什么意外在转角伺机而动。定期检查、评估现况，可以帮你避免那些影响成果的意外。

例如，我们曾经担任一位组织领导者的顾问，有一次我们旁观他在全美各地召集了150名分公司经理，进行网络会议。在这次会议上，他谈到了使用某种程序的重要性，在美国各地，每个人都应该把这种程序纳入他们的安全会议。这个重要的程序虽然不难实施，却需要每个人自觉地将它加入现有的安全协议中。

这位领导者走进会场时，看起来信心十足，也很兴奋，因为分公司经理都很一致地遵循这个协议。然而，随着对话的进展，分公司经理开始分享现有计划里的一些事件，我们觉得，也许他们在分公司里并没有完全执行这个程序。

这时候，我们鼓励领导者使用网络会议的意见反馈功能，花几分钟时间，请分公司经理在自己的名字旁边打上绿色或红色记号（假如他们成功将现有的程序加入他们例行的分公司安全会议中，就打绿色记号，否则打红色记号）。在所有人都进入会议之后，组织领导者竟然看见屏幕上闪动着太多的红色记号，显然，有一半以上的分公司经理并未执行新的程序。

这个结果让我们，尤其是组织领导者，都觉得很意外。我们再次痛苦地看见，当你根本不曾花费时间仔细沿途检视时，往往就会在路上的某个地方发出这样的惊呼："事情怎么会变成这样？"

要测试你的检视动作效果如何，只需看看在你的职业生涯中，那些令你跌破眼镜的意外发生的频率如何。以下的自我测试可以帮助你了解在日常工作中你感到惊讶的程度。

【自我测试5：了解我的惊讶程度】				
以"总是""时常""有时""很少"回答如下陈述。				
	总是	时常	有时	很少
大家竟然没有做到理所当然应该达成的进度，这件事情让我很惊讶。				
我发现自己想不通："事情怎么会变成这样？"				
人们遭遇了一些挫折而无法达成我的期望。我觉得自己好像最后一个知道这件事情的人。				
我很担心人们误解我的期望，以及我需要他们做的事。				
我发现人们不会主动报告他们的进度。				

将你的分数做成表格，"总是"是4分，"时常"是3分，"有时"是2分，"很少"是1分。用惊讶量表了解你的总分如何代表你的检视效果。

显然，这些分类反映的只是概况，但你可以据此大致知道，你目前的检视方法是否能够有效减少让你感到惊讶的意外时刻。你能否完全消除惊讶的状况？当然不能。没有人能完全控制业务上可能造成影响的每个变量。但是你可以采取我们在本章谈到的检视步骤，尽力消除显而易见的变数。

以惊讶量表了解自己检视期望的效果		
你的得分	你的惊讶程度	我们的忠告
18~20 分	昏迷	破表！简直是一场灾难。你迫切需要检视你的期望，以消除工作中的惊讶元素。
15~17 分	茫然	你不知道问题出在哪里。你很可能认为是和你共事的人有问题，而不是你和他们的合作方式，因此你时常感到惊讶。
13~14 分	不相信	你希望看到不同的结果，虽然你知道，如果大家（包括你自己）还是一直犯同样的错误，你的希望也许会落空。
9~12 分	困惑	惊讶的情形已经够频繁，让你怀疑大家到底还可不可能变得更有效率一些。
5~8 分	毫无知觉	也许你的期望太低，人们很难让你感到惊讶，或者你根本就不清楚到底怎么回事。无论如何，学习如何改善检视工作，对你会有好处。

确保持续校准

我们在第4章讨论过，要想维持校准，最好借助一系列持续的检查，而不是单独一次的对话。我们建议通过我们的校准会议进行。检视流程让你有机会检查校准的情况，确保每个人都翻到同一页，你就可以及时纠正任何失准的状况，以免情况失控。

几年前，我们在新墨西哥州的费城童子军牧场，看到一个老练的童子军领导者在一次高水平的培训会议上，给他的同仁上了宝贵的一课。这场重要的训练营为期一周，在第一堂课上，这位资深讲师站起来说了几句我们永远难忘的话。他说："别忘了，最重要的是，让重要的事情维持它的重要性。"

刚开始，我们都因为这句稚拙的忠告而笑了，但是它既准确又好用，多年来一直令人印象深刻。

检视可以帮助你应用这句忠告，使期望链上的每个人都能"让重要的事情维持它的重要性"。

案例：千钧一发的阿波罗13号

电影《阿波罗13号》中的情节人人耳熟能详，我们都很欣赏这个解救组员的故事，因为它显示了让每个人集中注意力，对准你希望一件事情成真的重要性。

大家还记得当年氧气罐在服务舱里爆炸的事件吗？爆炸使得宇宙飞船失去电力之后，由于登月舱具备较大容量的电池，便成了宇航员的救生艇。"救生艇"可供两个人维持两天，但是现在必须让三个人维持四天。

指挥官吉恩·克兰兹所在团队的意见分为两派，一是在轨道中途返回地球，二是尝试一个大胆的动作——加速绕行月球，因而形成有如弹弓一般的效应，产生足够的动能回到地球。

克兰兹指挥官选择"加速绕行月球"的弹弓效应方式，这是个不符合传统且未经证实的解决方案。大家不禁怀疑，弹弓效应真能产生足够的动能，将登月舱送到正确的轨道上吗？没有人有把握。但是，有一件事是肯定的，如果在期望链上的人都能够对准这个新的期望，成功的机会就会大得多。

因此，每个人都开始工作，找来美国国家航空航天局的资源，以及

第5章 检视期望

外部供应商。拯救宇航员的赛跑已经开始,制定关键决策的时间很宝贵,例如,关闭指挥舱的电力,然后再启动电源,以及让登月舱的电力导入指挥舱里,这是一种棘手的操作方式,而且,以前从未试过。

克兰兹为了校准整个团队,召集所有人到一个房间里,讨论这个许多人认为无解的难题。

他还记得,他需要说服大家,说他们"都够聪明、够犀利、够敏捷,而且,以一个团队来说,每个人都优秀到足以挑战这不可能的任务"。

他站在大家面前,跟他们说:"这支队伍要回家了。你们必须相信这点!我们必须让它成真!"

说完,大家开始头脑风暴,想出可以办到的方法。有了这样的校准,才让"重要的事情维持它的重要性",让人们发挥出惊人的创意。

然而,正当人人忙于解决问题的时候,另一个同样严重而危险的问题冒了出来。二氧化碳的浓度在登月舱里开始快速升高。

在这威胁生命的环境中工作两天之后,一个小组想到了一个绝妙的点子。他们用上宇宙飞船里所有可用的零件,包括大量的胶带、一个塑料袋、一只袜子、一本飞行手册的封面,以及若干不大可能有用却硬是派上用场的零件,将它们凑成了一个临时的设备,让指挥舱的滤净器可以和登月舱的生命维持系统交互作用,因此成功降低了二氧化碳浓度。

加州和纽约的数百名工程师花了将近三天的时间,完成了一个可以运作的启动流程。一个小组设法减少降落的时间,另一个小组谨慎控制宇宙飞船上消耗物资的使用(如饮水)。宇宙飞船上电力的使用从75安培减少到不可思议的12安培。

最后的结局,我们都知道——难以置信地,阿波罗13号安全回家了。

它之所以能够成真，是因为在这一整段传奇故事中，克兰兹和他的团队让"重要的事情维持它的重要性"。克兰兹完美且顽强地校准期望链上的每个人，让每个相关者必须为了同一个目标前进。

为使人们维持同一程度的校准，他们需要看见"达成期望"对他们个人有何利益。帮助他们看见"达成期望"的背后，"一定如此"的"为什么"。并且，看见这个"为什么"和他们自己本身的处境有何关联——这就是维持完全校准的关键。

有一位我们非常敬重的领导者，她在那一行是一位非常成功的首席执行官。她跟我们说，为了维持校准，她在一项大型计划开始之前，通常会和人们积极对谈，强调万一没达成期望，可能会发生什么事。

她会问："如果没有达成期望，可能如何影响业务、团队，以及组织内同仁未来的机会？"这个问题，直截了当地点出完成工作、使工作圆满成功的重要性。

或许有人认为这位首席执行官的提问不妥，有点像预言失败，不免显得有点悲观，或者，这个问题暗指她并不相信人们完成任务的能力。但是，以这个案例来说，这位领导者的做法是正确的，她帮助下属将任务的结果和个人的贡献连接起来——这项连接能帮助人们维持校准并高度当责。

究竟谁该负责检视的工作呢？是设定期望的人，还是负责达成期望的人？也许看起来很明显，设定期望的人应该检视负责达成期望的人的进程。但是，如果这么想的话，别人似乎就没有责任主动报告目前的状况了。

有效检视不仅能够进行检查、主动报告，而且能够创造共同当责意识与所有权，还能够提供良好的检视经验。如果你是一个在别人背后的"追随者",你就是在浪费宝贵的时间与精力,因为不论是"追随者"还是"被追随者",两者都会感觉不好。

想一想,你会不会花很多时间东追西赶要人们向你报告目前的进度?试着进行以下的自我测试。

【自我测试卣:我是个追随者吗?】
针对以下陈述,请你以直觉回答"时常"或"很少",不要想太多:
____1. 我发现,我会主动要求别人向我报告工作进度。
____2. 我要求别人时,他们无法备齐我所需要的信息。
____3. 我会花时间跟踪,了解事情的进展。
____4. 别人并不善于让我了解他们目前的状况。
____5. 我发现我需要某些信息时,会提出很多问题以取得这些信息。

如果你回答"时常"的个数超过3(包括3),表示你也许做了太多"追随者"的动作,你不妨试着在检视的动作上创造更多的共同当责意识,以便取得更好的平衡。

如果你的下属能承担较多责任,也让你了解目前的进展,那么他们在检视的过程中会有比较完全的参与感。对他们来说,这会变成比较好的经验,最后,他们也会主动地让检视工作顺利进行。当然,最佳检视包含"共同当责"的感觉,让每个人都很清楚最新的进展。

提供所需支持

每个好的检视工作都会达成两个不可分割的目标——确保事情正在朝着达成期望的正确方向进行,以及帮助人们成功达成期望。

所谓检视,并不是"测试"人们是否正在按照你的要求行事,而且将准时交付；检视应该是以"检查"的方式彼此讨论进展、问题与解决方案。测试与检查二者有天壤之别（见表5-1）。

表 5-1　测试与检查

测试	检查
你问了很多问题，让人们觉得自己好像正在被警察问案一样	你创造了一种双向的谈话，感觉比较像对谈
你问完问题之后，人们觉得好像等待宣判一样难熬	结束之后，人们会觉得分数未定，但是因为有互动，分数应该会比较高
你让人们觉得他们的分数，尤其是不好的分数会被公布出来	你让人们觉得似乎问题与错误属于隐私范围，有时间就能克服
测试者比较像主考官，要确定人们没有"把事情做错"，却一点也帮不上忙	检查者比较像老师，提供人们必要的支持，保证人们"把事情做对"，以确保成果

可以预见的是，相较于测试，检查需要花费更多的时间与心力。然而，就像任何创造积极、有原则的方式来要求他人当责一样，我们保证这多出来的时间与心力会给你丰厚的报酬。人们会觉得有靠山，会把事情做好，会尽心尽力去做，会解决沿路冒出来的问题，而且会用他们达到的成果让你感到欣慰。

提供支持的时候，你的重点在于寻找解决方案。这是积极的好方法，可以把截至目前得到的优点与成功进一步发挥。寻找解决方案意指提供教练、培训与资源，将任务往前推展，使人们获得成功。你的下属终究必须负责想出方法，使它成功，但是你在过程中提供协助的能力，往往会造成成功与失败之间的不同。

案例：为自己当责，也为他人当责

提供支持的工作并不单独落在你的肩膀上。让别人也参与支持，会让力量更强大。

想一想，芝加哥公牛队的篮球选手乔金·诺阿的故事，他是个新手，却充满潜力。他在一次练习当中，和队中的一位助理教练发生了严重冲突，结果被判违纪而禁赛一场。

然而，他的队友却去找教练，表示他们一致决议，以乔金的行为，应判处他再加一场禁赛。

队友们指出了乔金那些令他们感到不安的事件——开会总是迟到，而且还没到达芝加哥公牛队的水准。

他们的意见让乔金觉得受到干扰了吗？是的，但绝非负面的干扰。乔金跟一位记者说："他们（队友）只是告诉我，我的行为让他们不能接受，我必须从这里出发。我必须接受才行……我也不能做什么……他们觉得我应该接受更多惩罚。全队都是这种感觉，所以，我支持我的球队和他们做的决定，也很感谢他们表现出来的领导风范。"

以乔金的案例来说，整个球队检视过他们的期望之后，让乔金当责，将乔金的能力提升到每个队友都必须到达的水准。

在最强大的文化中，不论职位或影响力如何，每个人都必须为自己、为他人当责。然而，当期望链牵涉到许多人而你却没有时间去跟踪每件事时，唯有培养一个帮助你检视的文化，才能让组织迈向成功。像这样的检视，团队作为一个整体对每个成员当责，可以迅速且积极地塑造当责行为，也可以强化组织达成期望的能力。

强化进程

检视（inspect）在字典中的定义是："仔细看视（某物或某人），通常是为了评估其状况，或者发现任何缺陷。例如，他们正在检视我外面的漆面是否有裂缝或缺陷。"

依我们看来，这个定义太过强调发现缺陷，带着这种目的的检视往往使人不舒服，甚至让人害怕被检视。在油漆工作中，总是很容易看到裂缝或缺陷，不是吗？与其检视缺陷，不如将过程导向强化进程。后者必然会带来较佳成果。

许多职场上的人都会用古老的"例外管理"，因为忽略顺利进行的一切工作，只专注于"出了什么错"，会让这种做法显得较为容易，效率也较高。但是，这个方法并不会创造一个良好的环境，使你能够用积极、有原则的方式让人当责。仅仅关注缺乏进展通常会带来负面的经验，最后会对组织的文化、士气与能力造成影响。

这些话值得再说一次——检视的重点应该是要让人们为他们"做对"的事情当责，而不是"做错"的部分。当你创造出积极正面而充满支持力量的经验，强调解决方案、强化进程时，人们就会开始预期有检视的动作，甚至期待它的到来，而不是感到害怕。这个强调解决方案的做法会引发一种良好的前景，让每个人"向前看"，而不是"回头看"。

过去20年来，我们和全世界最令人敬佩的一些公司合作，几乎毫无例外地，我们会听到许多领导者、主管和团队成员在哀号着每次季报会议的到来。每一季都必定举行的这个会议，让管理层可以有机会在公开场合检视进程。

这些会议的重点，通常在于嗅出弱点与潜在的危险，因此人们对它们往往畏惧三分，尤其当他们事先知道情况有点不对劲时。这些感觉甚至会使人们降低会议的效率，因为他们会刻意粉饰过错、责怪他人、误报情况，或者根本不曾描述真相。每当这种情形发生，这类行为就会持续到会议结束许久之后，以致影响到整个组织，而终致成为组织文化的一部分。

好的主管会张大眼睛看见弱点、威胁或潜在的危险，最好的主管也会做到这些，不过是以观察与强化进度为背景。聪明的主管知道，每次他们让人当责，他们基本上是让整个组织或团队当责。

"检视"的过程给人的感觉如何，大家都会口耳相传。人们基于自己听到的故事，开始形成信念。要确保他们形成并传达正确的信念，你需要以一种积极和强化的方式去检视。创造一种文化，让人们期待接受检视，让他们真正当责而使期望成真，你就可以开启业务流程及相关互动，并加快必要的沟通和决策。

促进学习

正确的检视方法还会辅助即时学习，并将学习成果转化为未来的绩效表现。有些最重要的即时学习是在计划中随时进行的，而不只是在完成之后。如果强调每日的学习，你就会在组织内看见更多学习的情形。这需要经常检视。如果等到最后阶段才进行检视，往往就会限制即时学习，以及伴随而来的长期利益。

你必须随时鼓励即时学习的进行，因为它往往可以转化为个人绩效，并强化整个期望链的能力。

关于这个现象，美国国家航空航天局提供了一个惊人的案例。

案例：火星轨道飞行器消失之谜

耗费巨资的火星轨道飞行器是探索火星的重要科学工具，它成功降落在红色的火星之后工作了10年，直到有一天，突然从美国国家航空航天局的控制器屏幕上消失。

当信号完全终止时,美国国家航空航天局官员惊讶不已。调查结果出来后,美国国家航空航天局发现是电池故障毁了火星轨道飞行器。电池故障的原因是,有一道计算机指令使飞行器进入应急模式,从而使电池直接暴露在阳光下,导致电池过热,不久就停止了工作。另一道计算机指令使天线不再指向地球,以致通信完全消失。

事实证明,当美国国家航空航天局通过深空网将指令传到那枚飞行器上时,有人把指令写到了机载计算机的错误内存地址。上传显然出了问题,因为前一次更新包含了一位程序员曾经试图消除的差异。美国国家航空航天局的结论是,定期审查或实时检视程序员的工作,也许就能完全避免这种问题发生。

学习取决于老师、教练或引导者,他们可以帮助他人从经验中(不论是自己的或他人的)萃取新知。如果你将检视当成促进学习的机会,就会以寻求解决方案的方式,自动面对问题与挑战。这样做能够让你帮助别人找到最好的练习,让他们能够记住,并能够在未来使用。

仔细看视现状,以正面积极的方式萃取学习的经验,你就会找到方法帮助别人前进并达成你的期望。

看视模型

有效检视指的是以积极、有原则的方式,仔细看视眼前发生的事。我们开发了一个能够达成这个目的的方法,称为"看视模型"(LOOK Model)。

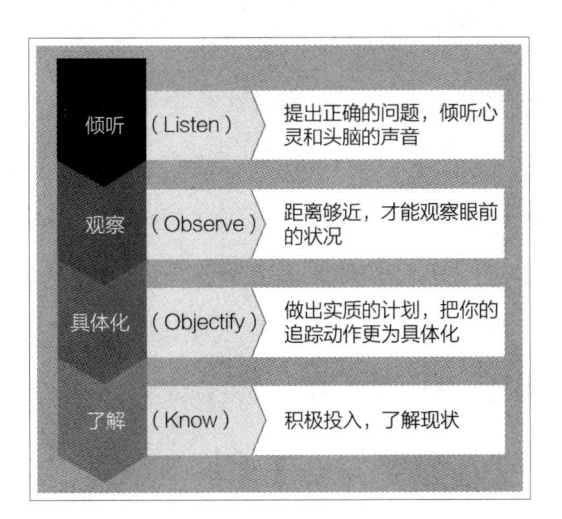

【当责管理模型11：看视模型】

倾听	（Listen）	提出正确的问题，倾听心灵和头脑的声音
观察	（Observe）	距离够近，才能观察眼前的状况
具体化	（Objectify）	做出实质的计划，把你的追踪动作更为具体化
了解	（Know）	积极投入，了解现状

倾听

首先，提出正确的问题，倾听心灵和头脑的声音。这可以帮助你判断人们是否为了达成主要期望而完全投入。人们在回答你的问题时，所说的话可以反映他们的校准情形，或者透露他们需要再做点别的什么，才能强化他们的投入程度。你的提问方式会影响到他们的回答，我们的一位客户颇吃了一些苦头才学到这点。

吉姆是一家建设公司的副总，他在生产力与效率上，交出了空前的绝佳成果。吉姆聪明过人，通常是改善绩效的"幕后首脑"。我们刚遇见他时，他很自豪地跟我们说，他以"复仇"的方式让人当责。

我们刚开始和他的团队合作时，可以看见他的下属确实会很负责任地向他报告他们做了什么以及没做什么。遗憾的是，他的询问都比较像在"审问"，而不是客气的"询问"。因此，他的下属都会觉得自己在同事面前显得很愚蠢。

他的下属跟我们说，吉姆在早会上提出冗长的询问，好像是为了彰显自己很聪明而别人很笨。有时，他说出来的笑话一点也不好笑，听起来像在讥讽别人，有时让人下不了台。

在别人的报告中，吉姆经常像这样开始质询："你跟我们解释一下，你到底为什么认为那个做法真的行得通？"

有些团队成员觉得，会议里上演这种戏码还挺好笑的，但是没多久就发现自己不知不觉上了断头台。不久之后，大家开始害怕开这种会，而且在吉姆背后称他为"黑武士"（Darth Vader）（电影《星际大战》中的大魔头）。这个绰号始终陪伴着他，因为他每一次开会都会算一次账。如果你是那个表现不够完美的人，他就会"一直问，问到你断气为止"，他的一位团队成员这么开玩笑地说。

我们和吉姆恳谈之后，以教练身份从旁协助他，于是他开始用不同的方式发问。他拿掉了贬低别人的嘲讽语气，改为专注于帮助团队解决问题。他在会议上特有的防卫风格渐渐消失，以较为开放坦诚的对话方式取而代之。他懂得了如何提出正确的问题，并逐渐改变了自我风格。

【秘诀：六个方法，提出正确的问题】

1. 提问时注重议题，而非个人（绝对不做人身攻击，语气也不带嘲讽）。
2. 提问是为了帮助人们成功，而非揭露他们的失败。
3. 提问是提出坦诚的问题，为了帮助人们面对真正的议题。
4. 有助于创造良好的氛围，使人们觉得受到尊重，也显得自己够专业。
5. 避免强调以自我为中心，否则只会吸引人们去关注提问者，而非面对的议题。

第5章　检视期望

6. 不会以任何方式贬低或责骂别人（所有关于个人表现的问题都在私下处理）。

吉姆放弃了"黑武士"的提问方法，开始提出正确的问题，因此扭转了人们对他在会议上提问时的观感。他们真的开始期待会议将为他们带来的信息，期望听到可以帮助他们解决问题的方法，并且朝着明确的目标前进。

人们开始喜欢吉姆的陪伴，视他为一个积极正向的同事，而不是一个恐吓别人、以损人为乐的调查员。吉姆和他的团队继续在他们那一行表现得出类拔萃，并且在他的事业生涯里，和他们建立了长期的关系。

你以正确的方式（尊重别人、有耐心，而且强调解决方案）提出正确的问题时，人们会愿意做出反应，并乐于帮忙。然而，你不仅要听他们说出的部分，还要注意他们没说的部分。

案例：闭嘴！打开你的耳朵

金洁·葛拉罕是盖登公司的资深经理，也是艾蜜林制药厂（2012年由百时美施贵宝公司并购）的首席执行官，她是个卓越的企业领导者。她极力倡导检查人们的投入程度，而且她会寻找机会，以正确的方式，向正确的人提出正确的问题："你今天试着完成了什么事？你认为我们正在进行的事真的很重要吗？如果你需要做某一件事，那是什么？"在她问完之后，就像每个经理人接下来该做的事——倾听。

金洁主动接触组织内每个层级的人。有一次，我们和她的团队一同举行一项培养领导力的练习，其中每个团队成员都必须选择一位"教练"，而且必须是在资深团队之外可以提供不同观点的人。金洁竟然选了一个出货码头的工人。

结果，这个工人变成了一个很棒的教练。金洁和这个工人的对话帮助她测量整个组织的温度，了解目前的状况。她的码头教练甚至会针对某些她关切的问题，出去体察民情，然后回来和她讨论他的所见所闻。金洁非常专心且冷静地倾听，不让自己觉得被冒犯而需要急于辩解，这样她才能真正了解整个组织里的人都在想些什么。

观察

谈到观察，我们就必须足够接近才能观察眼前的状况。要想好好检视，就必须四处行走，和期望链上的人多谈谈。

有两位首席执行官，大家都知道他们最擅长观察组织内工作的执行情况，其中一位是零售商沃尔玛的创办人山姆·沃尔顿，另一位是开市客的创办人詹姆士·辛尼格。

山姆深信，身为主管，你必须贴近组织，才能了解确实的情况，因此他每年都会到数百家店去实地访察。詹姆士也信守这个哲学，每年至少对每家分店访问一次。

很多领导者都依靠下属向他们报告需要知道的事情，但是，艾蜜林制药厂的金洁坚信，那些成绩单比不上一些有预测能力的工具。

她说："那些工具可以比较清楚地告知团队真正的健康状况，也因此能够帮助你正确预测他们是否能够交出你期望的绩效表现。当你走进一个会议或者工作场所时，通过单纯地观察，你总会知道这个团队可能有的表现。"

金洁亲自走进团队中，细看团队运作。在观察的过程中，她会问自己四个问题：

第5章 检视期望

1.是否有迹象显示他们是一个团队的？例如，大家微笑或大笑。是否让你看到他们是以"人类"的身份在这里工作，而不是"机器人"？

2．他们是否彼此取绰号？

3．他们是否对彼此表现得很真实而不虚伪？

4．我能否看见团队进步的证据？

金洁通过观察人类关系的互动，来评估人们是否已经投入自己的心灵和头脑在工作中，并且对准目标有效运作。

在一个案例中，一个团队花了两三个月的时间来建立关系，使他们能够彼此诚实地谈论时间表。她实际上可以看到他们达到了这个转折点，这强调了这样一个事实，即通过观察学到的东西，你可能无法通过其他方式学到。

同时，找些方法来检视，而不用亲自到场，这有些明显的好处。加州的圣马特奥警察局想出一个充满创意的方法来做到这点。

由于警察局预算有限，为了加强巡逻效果，他们设计了一个真人尺寸的警察人形立牌，取名为大卫·科伊警官，让"他"坐在巡逻车的驾驶座上，然后把这些巡逻车有策略地停放在某些社区。当市民看见大卫·科伊警官坐在巡逻车前座时，自然调整行为举止，因为他们察觉到了检视动作（这是有效的遥控检视，至少在市民识破这项计策之前是如此）。

汽车制造商发现，有一个方法可以用来遥控检视驾驶的安全，也可以激励人们遵守系安全带的法律。正如我们大多数人所经历的那样，新车有一个报警铃，提醒在启动汽车的前30秒内没有系上安全带的司机。如果你不系上安全带，这个铃声会让你越来越疯狂。一些聪明的工程师为这个系统确定了恰到好处的时机，使你想尽可能快地达成他们的期望。在某些情况下，遥控检视可以创造奇迹。

具体化

具体化指的是以实质的计划进行跟踪。这包括所有传统的工具，用来帮助你看见每个人迄今为止的工作成果——仪表板、管理报告、进度报告会议、电子邮件与月报等。无论选择什么工具，都一定要明确进程的主要指标，然后建立一个系统化的方法进行观察。

你必须很小心，将检视具体化、创造制度化的报告，很可能变得非常容易让参与者预测，最后演变成"只是另一种练习"。

例如，一家美国大型糖果公司设立了一项政策，要求管理层四处出差时必须去明察暗访当地的零售商店。结果，当地相关人员早在两三个星期之前，就会知道管理层即将到访，等于给他们充分的时间进行"循环取货"（Milk Run），业务代表会将免费产品提供给所有商店来取代旧货，并让他们"展示"出来，创造一种该公司"拥有"这家商店的印象。经过如此这般的"操作"，就能确保零售商店通过该公司管理层的检查（例如，该地区的全部20家分店看起来都很完美，而且维持足够长的时间）。

管理层都知道情况如此，也都预期会看到这些情形，但是，他们只想跟公司汇报"一切看起来都很好"，显然，"预料中的检视"可能制造错误的信息或误导的数据。但是，"有效检视"反映的却是铁铮铮的事实。

另一个案例，由于肉品处理人员虐待牛（已经持续12年）而造成美国最大的一次肉品回收事件，导致美国肉品加工厂的检验员招致批评。

《今日美国》的一项报道指出，这家被告的工厂长期招致客户投诉。有趣的是，即使进行定期的每日检验，该厂依旧从未解决这个问题。结果，美国人道协会发现，这些工厂的检验时间都固定在每天的同一时间。也就是说，肉品加工厂可以准确预测检验员几点几分准时出现，只要确保在那段时间里一切看起来都很完美就好了。

从这个案例来说，检视工作确实在进行，不但正式，也经过大家同意，但是它变成了"另一种练习"，而且，持续12年，没有任何实质的意义。

组织制订具体跟踪计划时，要确信你的检视可以达成目的，不会退化成"单纯的练习"。例如，没有人会真正使用的报告、没有一点价值的例行检查对话、可以操作的观察结果，以及所有其他可以使检视造成的伤害多于帮助的活动。

一个具体的跟踪计划，可以在正确的时间注意正确的变量，而且这个计划终将被证实有益，帮助你在检视你预期看见的事物时比较有效地看视。你很可能偶尔需要改变你的检视方式，多多重复检视，才不会到头来只能依靠一个单一来源，了解事情的真相。

如此一来，即使有一种检视制度变成了"练习"，其他检视制度也可以提供你所需的正确信息。

了解

要了解现状，你就必须积极投入。这个步骤的目标是让你处于"知晓"的地位，要做到这点，你就必须时常采取前面三个步骤（倾听、观察、具体化）。检视的频率，必须视一些变数而定，包括达成期望的复杂度与困难度、你指望达成期望者的能力，以及环境中某些事物无法掌控的本质。

间歇性的检视可以帮助你预测一项任务的结果。如果看起来不错，那很好。但如果看起来情况不妙，那么间歇使用看视模型，会让你做出必要的改正动作，以确保圆满成功。

究竟，要多么频繁才足够呢？

根据美国疾病控制与预防中心的专家建议，减重者最好每天量体重。研究者发现，每天量一次体重的人，两年内平均减重12磅（约5.4千克）。每星期量一次体重的人，两年内平均减重6磅（约2.7千克）。最重要的是，每天量体重的人比较不容易反弹。

《预防》杂志报道这个现象时引用了匹兹堡大学的体重管理总监约翰·杰奇希克博士的话："你越常监控自己的成果，就会越快抓到造成体重上升的行为失误。"不同的人有不同的失误方式，因此，你必须和负责交出成果给你的人进行协商，确定检视的频率。

要想寻找正确的平衡，就需要坦诚的对话，但是，以正确的频率执行看视模型的前三个步骤（提出正确的问题，倾听心灵和头脑的声音；贴近距离，观察眼前的状况；做出实质的计划，将你的跟踪动作具体化）则能够帮助你了解情况，这是看视模型的最后一步。

猜测、希望与假设都是"了解"的敌人，这些敌人可能破坏所有相关者付出的心力，而且使得所需的支持无法在正确的时刻交给正确的人。当这种情形发生时，你付出的代价就是无法达成期望，而且会失去期望链上所有人的信任。只要妥善执行当责流程外环的这个关键步骤，就可以免于付出这个代价。

信任，但是要证实

检视你期望见到的事物，难道就代表缺乏信任吗？那只是另一种令人厌恶的微观管理吗？绝非如此。

第5章　检视期望

如果做得好，检视就可以建立信任，坚定彼此的用心，而且，那是为了帮助彼此成功，而不是在对方失败的时候逮到他们。

卢·凯南（Lou Cannon）在他的《里根总统：一生的角色》（*President Reagan*：*The Role of a Lifetime*）一书中，回忆美国前总统里根与苏联总统戈尔巴乔夫之间的对话：

在签署《中导条约》时，里根和戈尔巴乔夫展现了他们对彼此的熟悉，那是他们在维也纳会议及雷克雅维克会议之后的副产品。

里根一面回忆"我们汲取了一个古老的俄国谚语的智慧"，一面复诵他已经说过无数次的那句话："信任，但是要证实（Doverey, no proverey.）。"

戈尔巴乔夫幽默地说："你每一次会议都说这句话。"

里根说："我喜欢这句话。"

我们也喜欢这句话。

对我们来说，"信任，但是要证实"表示你不只依靠别人，还会进行检查，确保我们打算做到的事情一定成功。

想一想，"信任别人"与"测试成果"之间的差别。它们反映的是两种不同的动机。后者暗示着大哥的凝视（gaze of Big Brother）［意指监视，语出乔治·奥威尔的小说《一九八四》中的名句："大哥正在看着你。"（Big Brother is watching you.）］。前者传达的是想要帮助人们成功达成期望。

一日终了，你通常会得到你的检视结果。如果做得好，成功的可能性就会提高，而且可以为期望链上的人提高士气与能力，使他们能够在未来交出成果。

当责实况检查

你可以很容易找到机会,将这些法则应用在实务上。想象位于你的期望链上线的某一个人,此人目前要你当责的是两三个主要期望。通过看视模型,我们可以分析你将如何改变你对这些期望的检视方式。

切记,有效检视的目的在于评估主要期望达成的情况如何,并且确保持续校准、提供所需支持,并且强化进程、促进学习,这一切都是为了达成预期的成果。要记住,为人们准备一个不同的检视方法。在你采取外环的这个重要步骤之后,要跟踪你检视成效提升了多少。

检视风格

一如往常,看视模型的应用依不同的当责风格而有所变化。思考一下,你自己的风格可能如何影响你的检视。控制与强迫风格的人可能过度检视,例如提出太多问题,太频繁地检查,或者在人们还没有时间准备的情况下就抢先要求他们交出报告。

喜欢这种风格的人会采取完全理性的方法,无法了解为什么人们不能主动报告,或者为什么要花那么长的时间才能汇报现况。由于这种风格的人喜欢速度与成果,因此他们总是有种急迫感,有时会超过现况的许可。

如果你是这种风格的人,我们建议你仔细考虑,你什么时候真正需要知道现况,并清楚地沟通这个期望,然后耐心地等着人们在彼此同意的时间向你汇报。

等待与旁观风格的人可能跳过看视模型中的某些步骤,过度相信人们会在正确的时刻做出正确的事。

同样地,那些等待与旁观风格的人最好能够采取正式的方法,比较频繁而正式地检查,提出较多问题,多花点时间观察,多关心传统的报告,以取得比较丰富的信息。这种风格的人倾向于使用非正式的检视方法,因此要想做出真正的改变,就需要利用较多的组织形式。他们擅长令人们投入,却不善于检视成果。使用看视模型去组织他们的跟踪工作,有助于他们增强自己的力量,且更有效地检视他们的期望。

管理未达成的期望

检视期望是外环的最后一个步骤,可以成就前面三个当责流程(形成、沟通与校准期望)的所作所为,也可以将它破坏殆尽。假如没做好检视,就可能得不到你所期望的一切。学习如何有效做到这点,可以让你消除意外,达成较多的期望,帮助你培养赋权能力,使与你共事的人平时就能够交出成果给你。只要他们成功了,你就成功了。

即使把外环的每个步骤都做得尽善尽美,有时候人们还是无法达成你的期望。你的不同反应,以及你使他们当责的不同方式,都可能使坏的情况更坏,也可能造就最后的成功。接下来,我们将探索让人当责的重要层面,走过当责流程的内环步骤——以积极、有原则的方式管理未达成的期望。

第5章 小结：积极、有原则的方式

第5章提供外环步骤中最重要的法则——检视期望。以下是当你进行检视时，应该放在心上的主要观念，以便以积极、有原则的方式达成目标：

让人们准备好接受检视

运用外环的步骤去创造检视的期望，即形成、沟通与校准你的检视流程。

"评估主要期望的现况如何，确保持续校准，提供所需支持，强化进程，促进学习，这一切全是为了达成期望中的成果。"

1. 评估现况：定期检查，评估达成期望的进展状况（无论是好的还是不好的）。

2. 确保持续校准：为检视工作创造共同当责，避免成为"追随者"。让"重要的事情维持它的重要性"，人们才能够维持校准。

3. 提供所需支持：要避免去"测试"人们，而是要以"检查"的方式，协助人们找出解决方案，帮助人们获取成功。

4. 强化进程：不要只讨论缺点，而要强调人们的进展。即使人们做对了的事，也一定要他们当责。

5. 促进学习：培养实地学习，强化人们的能力，为未来的成功抓住最佳做法。

看视模型

以容易记忆的缩写词LOOK表示倾听、观察、具体化、了解，帮助你设计出检视期望，是最实际且最有效的做法。

信任，但是要证实

运用检视流程建立信任。

第6章

内环：管理未达成的期望

从负责到当责

未达成期望的实况

如果善用外环步骤设定期望,就可以将未达成的主要期望数量降到最低。然而,有时候即使费心形成、沟通、校准与检视你的期望,也还是无法完全避免失望。

这时候,你就必须进入当责流程的内环——管理未达成的期望,执行它的策略,以处理任何来到眼前的一连串意外与失望。

案例:当师父发现爱徒的真面目时

我们有个客户名为奈杰尔,他是个非常有成就的首席执行官,他跟我们谈起发生在他事业上的一次事件。当时,有个他非常信赖的人,竟然让他跌破眼镜。

奈杰尔针对费比恩的背景与推荐人,进行了仔细考察。奈杰尔非常看好费比恩,考虑让他担任公司要职。

从简历上看,费比恩的条件很好——他曾经是海军陆战队队员,有过大型企业的管理经验,而且,推荐人对他的表现称赞不已。奈杰尔在调查此人的背景时,不断听说这个人还是"业界的第一把交椅"。更重要的是,奈杰尔发现,费比恩曾经和奈杰尔的直属下属共事过。在那个人确认所有正面的推荐内容之后,奈杰尔很有信心地录取了费比恩。

费比恩担任奈杰尔的直属下属,和他的新领导周游各地。奈杰尔抓住机会,针对费比恩个人的发展和未来的机会,提供了很多建议和指导。费比恩以尊重的态度倾听这位"师父"的谆谆教诲,而且,他将奈杰尔说的话都写在了笔记上。

第6章 内环：管理未达成的期望

不难想见，费比恩很快进入状态，也开始产出卓越的成果。成功一路累积，到了费比恩接下重责大任之时——他被提拔担任营销客服经理。

鉴于费比恩的持续成功，奈杰尔对他这位徒弟更加爱护。大家都知道费比恩的办事能力，因此自然预期他能够在这个晋升的职位上创立一个新的绩效表现标准。

费比恩的确创立了一个新的绩效表现标准，只不过，这是一个出乎意料的标准。

一位费比恩的直属下属突然离职，并且针对他的强势领导风格提出抱怨，之后进行的一项彻底调查显示，整个部门都有类似的怨言。

奈杰尔在审查整起事件之后，只能得出一个结论，那就是费比恩事实上是个一流的恶霸，目光短浅，管理风格充满对立。他经常在公开场合责骂下属，有时甚至咆哮怒骂——费比恩在他的上司面前从来没有过这样的行为。似乎每个人都明白问题所在，这让奈杰尔大感意外。

当然，奈杰尔想知道怎么会这样。经过仔细研究，他发现费比恩有个好友在人力资源部门工作，由于这层关系，其他部门的人根本不敢向人力资源部门申诉，担心费比恩一旦知道，自己的下场就会有多惨。

更糟的是，打狗也要看主人——当人们了解奈杰尔显然和费比恩走得很近时，他们知道更不能向奈杰尔抱怨费比恩的行径。

这个充满畏惧的静默，让整个组织吃尽了苦头，因为一些有才华的人受够了费比恩的霸凌，于是纷纷辞职另谋出路。

奈杰尔对费比恩的行为了解得越多，就越担心组织内的人，会以为奈杰尔支持这种难缠又不尊重他人的管理风格。

对奈杰尔来说，这个说法距离事实太远了。

尽管经过奈杰尔的细心调教，费比恩终究未能达成首席执行官的期望。奈杰尔一直思考，他究竟应该怎么做，才能不再如此浪费大量的时间、精力呢？现在的他，又该怎么办？

在我们走上当责流程内环的旅途后，奈杰尔心中的疑问，正是我们要回答的问题。

在接下来的四章里，我们将探讨人们无法满足期望的四个主要原因，以及四个你可以执行的方案，以解决这些无法满足期望的问题。在了解了这些可能的解决方案后，你就会发现比较容易避免再度发生同样的情形。

首先，我们要讨论一些基础问题，并正确了解这些问题，有效解决之后，能够加速你在内环上的旅程。

像奈杰尔面临的问题是可以解决的，但是，有时"未达成的期望"可能导致惨剧，甚至严重到危及生命的程度。

案例：一心多用的驾驶员

在美国铁路史上，最严重的一次交通事故造成135人受伤、25人死亡。美国国家运输安全委员会详细调查后指出，人为的疏失造成了这次交通事故，一次"未达成的期望"酿成了无可挽回的悲剧。

有一位少年认识火车驾驶员，后来他跟当地的电视新闻记者说，撞车的那一刻，他正和驾驶员互发短信。

在一次访谈中，这位少年将自己的手机拿到摄影机前面，上面显示一则信息的日期和时间，正好是在火车撞车之前，这证实了驾驶员并没有全神贯注——虽然有许多乘客的生命掌握他手上。

国家运输安全委员会的调查发现，当天，这名驾驶员在开火车的

第6章 内环：管理未达成的期望

时段里一共发出57条手机短信，其中一条是在撞车发生之前22秒。更进一步的调查显示，过去这名驾驶员允许这位少年坐在火车的控制室里，而且当天就会发一条短信给这位少年，并做好相关安排。

发生悲剧的列车属于都会捷运系统公司，该公司发言人说，竟然有驾驶员在开火车的时候还能发短信，他们觉得"无法相信"。驾驶员怎么可能无视他的火车的存在，不去遵守他的工作的第一守则，保护乘客的安全？事情怎么会变成这样？每当人们未能满足期望时，这就是我们大多数人都会问的问题。

有时，就算人们费尽心力，还是会有无法达成期望的时候。例如，奥运选手劳席·沃伦，同时也是蝇量级拳击手世界冠军，当比赛只剩下35秒就要结束时，他相信自己处于领先地位。他的梦想就要成真，他仿佛可以感觉到金牌已经挂在颈上。这时候他听见有人在大喊："移动！移动！"这几个字在他的耳边一再回响。

信息很清楚——既然他领先，只要避开任何进一步的打击，就可以胜券在握。对领先的人来说，这项策略是有道理的，但事实上，沃伦以9:8落后他的对手，他的教练在边线上大声喊着："攻击！"但是最后那几秒，沃伦都在跟随着观众里的一个声音，绕着韩国那位前世界冠军打转，手放在腰际，避开任何接触。

沃伦曾经代表美国参加过两次奥运拳击项目比赛，他接受了四年的培训，就为了胜利的这一刻，结果，他却输了。这是一场令人难以置信的挫败。

他的教练悲叹道："我不晓得，他为什么突然停了下来。他说，他听到有人跟他说要'移动'（避开对手）。他抬头看看看台，但是，我不知道沃伦听到观众在说什么。"

历经千辛万苦的培训，怎么可能因为最后片刻的失神，就这么抹杀了成功的机会？有人会质疑沃伦所投注的心力吗？不会。但是，这个令人无法置信的失败，使得每个人都感到疑惑："事情怎么会变成这样？"

无论答案是什么，沃伦的经验显示，即使最有才华的表现者都可能无法达成期望，有时甚至失常到让人出乎意料。

"不适合的人下车"，并非永远都有道理

大多数组织都会花费大量时间与心力在人才管理上，这是正确的做法。为组织找到人才、留住人才、管理人才，这已经是"开窍"的领导者的首要任务。领导者深知，人才可以创造最大的改变，他们的重要程度远超技术与策略，甚至远超一切。

吉姆·柯林斯在他的《从优秀到卓越》一书中强调，让"对的人上车"很重要。

"正确的人会做正确的事，交出他们能够做到的最佳成果，无论激励政策是什么……对的人不需要严格管理或激励士气；他们会用内驱力去自我鞭策，交出最佳成果，参与创造伟大的事物。"

他建议做到这点："先找到正确的人上车，让不适合的人下车，让正确的人坐在正确的位置。"如此一来，组织中就充满了"有纪律的"人，他们需要较少的激励与管理，却能够产生最佳成果。

这些结论有谁能辩驳？但是，根据柯林斯的说法，《财富》世界500强公司里只有11家符合他的"伟大"标准。你也许会猜想："啊？那剩下的489家公司怎么办？"

第6章　内环：管理未达成的期望

这489家"良好"或"普通"的公司，虽然也有伟大的抱负，却似乎缺乏足够"对的人"在正确的位置上。

从学习型组织到人才型组织之间的转型，真的实际可行而且正确吗？

即使一家伟大的公司也会招募很多才华横溢的人，但是即便如此，也还会有无法达成期望的时候（如同前述的拳击手沃伦一般）。

我们的经验使我们确信，我们可以支持柯林斯的很多结论，但是我们认为，正因为没有一个组织能够随时网罗所有它需要的人才，所以必须设法培养它现有的人力。

在我们看来，许多伟大的组织或雄心万丈的组织都有一个特色，那就是他们能够有技巧地管理未达成的期望。对大多数人来说，我们几乎每天都必须做到这点，而我们的做法往往左右成败。

让"不适合的人下车"听起来容易，但是我们都知道知易行难。显然，普遍的管理理论都强调应该"处理掉"那些"无法达成期望的人"，这有其策略价值，甚至一定要如此。

这让我们想到《新闻周刊》一开始称通用电气公司前任首席执行官杰克·韦尔奇为"中子杰克"（Neutron Jack），说他是"把人移开，还照样能让建筑屹立不摇的人"，这点让他觉得很懊恼。

通用电气公司在他的指挥之下，由于各种生产力不佳的原因而开除近十万名员工（哇！那辆车上有好多位子要换人）。

韦尔奇提倡活力曲线（末位淘汰法则）的概念，那是一种绩效测评的方法，身为主管，必须定期在员工中找出绩效最差的10%、中间的70%以及最优秀的20%。每年一次，每次必定有垫底的10%。

通用电气公司规定每年这些绩效最差的10%员工"通常都必须离

开"，因此，这些人都被说服主动请辞。当然，主管必须培养自己的团队，毕竟，每年重复这么做，主管的处境会变得很艰难。在这个制度下，即使人们有所改善，有些团队成员免不了还是会成为最后的10%，也就是"非走不可"。

想象一下，主管评估出来可信赖的团队成员，因此必须依靠他们、欣赏他们，心里却知道必须找出绩效最差的10%，这对他们是何等煎熬？

根据《新闻周刊》的说法，这项运作变得太过困难，以致"有一个业务部门甚至走极端，找到一位在绩效测评前两个月就已经去世的人，将他的名字放在最后10%的名单中"。

请人走路（请不胜任的员工自行请辞或开除）有时是唯一的解决方式，却并非总是最容易或最好的方式。

我们将这个概念进一步引申，电信运营商Sprint"开除"了1000名奥客级手机用户，因为这些人经常投诉，让公司困扰不已。当看见这则新闻时，我们不禁莞尔一笑。根据《华尔街日报》的报道，这些被视为"得理不饶人"的奥客级手机用户收到了以下这封信：

我们的记录显示，过去这一年，我们时常接到您的电话，谈到账单或使用问题。

我们尽全力设法解决您提出的问题，但是，您在这段时间提出的询问次数之多，使得我们确定敝公司的服务无法满足您目前的需求。

因此，经过审慎评估与仔细考虑之后，敝公司决定终止您的服务契约……

于是，该公司给这位已经成为"前客户"的奥客一个月的时间，让其自己去找新的电信运营商。

第6章　内环：管理未达成的期望

开除奥客？真的了不起！你的客户无法满足你的期望吗？炒他们鱿鱼吧！

同样地，当费尽心力才能让表现不佳的员工的情况好转时，觉得沮丧难过又忙碌不堪的主管，很可能禁不住"让不适合的人下车"的诱惑，想要动手除去这些"心头大患"，认为"除之而后快"，以为从此迎向光明坦途，企业绩效可能因此改善，取得伟大的成就。但是，这个想法并非永远都有道理。

是的，请人走路有时是必要手段，但是要做得妥当又合法，可能就会让人费神不已。其实，有时更有道理的做法是投资。几乎与"请人走路"相等的时间与心力，帮助人们获得成功，这样他们就没有必要离开了。

想一想，如果车上都是"对的人"，会有什么情形？事实上，就连绩效最好的人偶尔也会无法交付。

卡尔·哈贝尔是美国职棒大联盟名人榜上的投手，他语重心长地谈到在这行的职业运动中，人们对优异表现的期望永无止境："一个人只把事情做好是无法持久的，他必须不断交出成果才行。"

每一季都有比上一季更高的期望，所以，你不过要和你的上一场比赛一样好而已。有时候，就连最优秀的人都有低潮的一天、一个月，甚至一整个球季。

当期望无法获得满足时，人们无法交付，那么要取得较佳成果，就看你如何让人当责。

在这种关键时刻，你会觉得遭人利用而且难过又失望。很多时候，这种沮丧的感觉可能带来长远的后果，就像前述的蝇量级世界拳击冠军沃伦。但愿你可以避开某种"火车撞车"事件，不让"未达成的期望"带来灾难或悲剧。无论如何，如果你偶尔觉得事情出乎意料或真心换绝情，就安慰自己，其实你并不孤单。

现实窗口

在有效处理期望未达成的问题之前，你需要帮助人们了解"真正的问题在哪里"，这并不是一件永远都很容易做到的事。

在我们的《奥兹法则》一书中，我们展示当责的第一步是"发现它"。在你凝聚足够的勇气后，不论实际情形看起来多么令人不舒服，或者多么不公平，都要正视自己所处的困境。

当谈到让人当责、管理未达成的期望时，正确诊断问题所在，你才能设法处置，这需要对现实有清晰的了解，它需要你看见问题真正的模样。

但是，究竟什么是"现实"？

多年来，我们看着商业人士在各式各样的问题中挣扎，最后我们将它们简化成三类：幻想现实（Phantom Reality）、现实（Reality）与理想现实（Desired Reality）。

你在设法正确理解未达成的期望背后的原因时，这些现实都会扮演一个角色。这些现实会让你对现况有不同的看法。每个现实都是随时存在的，如果你想要看清事物真正的面貌，就必须认清并了解每一种现实。未曾了解这些现实的话，任何人都无法有效处理未达成的期望，以及应用内环的步骤。

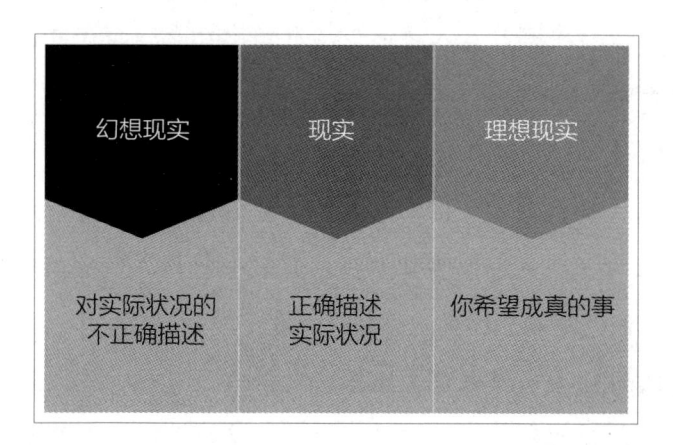

【当责管理模型12：现实窗口】

幻想现实	现实	理想现实
对实际状况的不正确描述	正确描述实际状况	你希望成真的事

幻想现实

幻想现实是对实际状况的不正确描述。当在幻想现实的假设下运作时，你对"实际状况"的看法可能造成你做出错误的决策，解决错误的问题，走上错误的方向。幻想现实时常导致你浪费时间和心力，而且几乎总是形成阻碍，使人们无法交出成果、达成目标。

案例：罚球进球率太低的后果

以孟菲斯大学老虎篮球队为例，老虎篮球队在2008年输掉全美大学生体育协会的冠亚军争夺赛之后，美联社的头条新闻写道："老虎队可惜了，他们到头来依旧无法摆脱原来的恶名——很好的球队，只是罚球时屡投不进而已。"

对球迷或竞争对手来说，他们并不觉得意外，然而，老虎队的教练约翰·卡利帕里似乎毫不理会。在整个球季里，这支球队都在罚球线上挣扎，结果罚球进球率才59%，这是所有球队中最差的成绩。

美联社的文章说："卡利帕里总是看轻这个问题，说老虎队在实战时就会表现优异。有时候他会真的发怒，仿佛讨论这个问题的人根本就不懂篮球。星期日有人再问，卡利帕里大手一挥，'我们没时间去想罚球进球率的问题'。"

不幸的是，对手球队，也就是全美大学生体育协会的冠军堪萨斯大学松鸦鹰队却想到了。他们在比赛的最后几分钟刻意犯规，因为，如松鸦鹰队的一个主力球员所说："大家一直都在说他们球队的罚球进球率有多低，那么，我们就好好利用这个弱点。"

老虎队的一个主力球员在比赛后显得难以置信："我真的无法解释为什么（我们那么多球没罚进）……我是说，你在打篮球的时候，你实在很难形容这种事。就是说不出来，总之，我就是罚球没进。"

教练在"我的球队在实战时就会表现优异"的幻想现实之下运作，因此全美大学生体育协会的冠军从他的指间溜过。

当你看不见实际状况而只依靠幻想现实时，你真的无法解决真正存在的问题。

马克·吐温说得好："让你惹上麻烦的不是你不知道的事，而是你以为确定但事实并非如此的事。"

每个人都会偶尔在幻想现实的假设下运作，就连医生也不例外，而我们大多数人都假设，他们绝对是本着他们在科学研究与临床试验之后的结论行医。要说明这点，可参见《英国医学杂志》的报道——医药界有七大医学迷思是广为大众所接受的。

- 迷思1：灯光太暗会伤害你的视力。

    事实1：灯光太暗会使你眯眼斜视，却不会造成你视力下降。

- 迷思2：你只会用到10%的大脑。

    事实2：科学家扫描大脑，还没找到任何从未使用的区域。

- 迷思3：你应该每天喝八杯水。

  事实3：你每天确实至少需要一定量的水，但是你吃的食物其实能够满足身体对水的大部分需求。

- 迷思4：人死后指甲和头发还会生长。

  事实4：它们不会。只是软组织在死后会萎缩，以致造成指甲和头发还会生长的假象。

- 迷思5：毛发刮过之后会长得更快、更黑、更粗。

  事实5：刮毛根本不会影响毛发的生长。

- 迷思6：吃火鸡会让你头晕。

  事实6：科学根本就不能证实这种事，只不过吃了任何大餐（那是感恩节的规矩，而非例外）都可能让你想睡觉。

- 迷思7：手机在医院里会造成更大的危险。

  事实7：研究显示，它们不会干扰到医学设施，而且适时使用它们，甚至会帮助医生少犯些错。

小小的幻想现实每天都会偷偷地溜进我们的生活中，造成各式各样不太严重或危险的问题。然而，真正严重的幻想现实可能在商场上造成大灾难。

案例：外包购买、集中组装的迷思

让我们思考一下波音公司在其新机型787梦想客机上所遭遇的问题。787梦想客机是一种由碳复合材料和钛材料制成的飞机，目标是在远程飞行时，使用比过去的机型少20%的燃料，搭载200~300名乘客。

作为这个价值100亿美元的新机型的唯一开发商，波音公司在投入运营方面面临六个月或更长时间的延迟，这可能严重损害公司的利润。

《华尔街日报》报道:"对该项目的内部调查表明,混乱源于其对投资者的主要卖点之———全球外包。"

显然,波音公司将近80%的关键零部件外包给了世界各地的供应商,主要是亚洲和欧洲,希望最终能在西雅图地区的工厂将这些零部件"一网打尽"。

《华尔街日报》接着说:"但外包如此多的责任远比预期的困难。供应商的问题从语言障碍到一些承包商自己外包部分工作时爆发的混乱。一家意大利公司努力了好几个月,才得到批准,许可他们在一座古老的橄榄园上建一座制造机身的工厂。波音公司高估了供应商处理任务的能力,而这些任务是他们自己的设计师和工程师几乎凭直觉就能完成的。毕竟他们造飞机已经造了数十年。项目经理以为他们有能力监督供应商,后来才发现当涉及许多秘密细节时,公司都被蒙在鼓里。"

波音公司在报告里谈到供应商时表示:"我们会说,'他们知道怎么经营自己的事业'。"

也许吧?不过显然这个想法造成了幻想现实,并一路蔓延到装配线上。

同样地,根据《华尔街日报》的说法:"当机械工人打开所有的纸箱和木箱时,发现里面是成千上万的支架、夹子、电线等,那些零件早该装配妥当。主管人员说,有些零件甚至没有附带说明文件,或者有些组装说明是意大利文,需要先翻译才知道怎么组装。"

以波音的案例来说,它假设可以依靠"日常运作"完成这项庞大任务,这就是个幻想现实,结果造成极端冗长而昂贵的延迟。

根据路透社的说法,由于"供应商的绩效不佳、零件短缺",航

第6章 内环：管理未达成的期望

空公司必须再等两年，才能等到他们预订的900架波音787梦想客机。

除此之外，外包导致了美国自1948年以来最长的一次罢工，导致每天大约1亿美元的损失。如果波音公司在早期就认识到这个潜在的毁灭性的幻想现实，那么该公司可能已经找到一种方法来修改其将梦想客机推向市场的战略。至少，他们会问自己，他们还需要做什么来确保关键供应商及时交付。毫无疑问，他们会确定他们还可以做什么来维持业务的基本现金流。

幻想现实经常出现在你的生活与工作中，但你很容易对它掉以轻心。

大约10年前，我们有一位客户获得美国马尔科姆·鲍德里奇国家质量奖。他们至今依然骄傲地谈论这项成就，而且仿佛那就代表他们今日的现实——但是，那早已成为过去式。

如果你问问这位客户的员工，现在还能不能得到这个奖，他们会说"不能"。然而，客户高层竟然还沉浸在这个骗人的幻想现实中，这很可能让他们付出惨痛的代价。

显然，这位客户如果能退后一步，对他们眼前的现实仔细看一看，对他们将有莫大帮助——毕竟，过去已成往事，眼前才是当下。

每个人都应该偶尔自问，他们自己、团队或公司是否执着于不正确的观点，而可能使他们自己惹上麻烦？

要帮助你做到这点，我们建议你定期检查以下五个线索，它们可以让你看到幻想现实，发现你此刻是否在幻想现实的影响之下。

【秘诀：受到幻想现实影响的五个线索】

1. 人们会不断明示或暗示，或者直接告诉你，说你"听不懂"。

2. 你不断瞥见一点迹象，显示你没看清楚现状，而你总是有话要说。

3. 你对今日的描述，都是基于旧有信息和认知。

4. 当人们似乎不同意你的观点并开始告诉你他们的真实想法时，你会发现自己在心理上打退堂鼓。

5. 你发现你找不到人来肯定你对"现况"的认知。

现实

现实不同于幻想现实，它可以正确描述真正的现况。科幻小说作家菲利普·迪克的作品被改编成了非常卖座的电影，例如《银翼杀手》和《全面回忆》，他曾经说："所谓的现实，就是即使你不再相信它，它还是在那里。"

林肯曾经说过类似的话，他问："如果你称呼狗尾巴为狗腿，那么狗有几条腿？"

他的回答很"林肯式"："四只。因为，即使你称呼狗尾巴为狗腿，也不会使它变成狗腿。"没错，腿就是腿，尾巴就是尾巴——这就是现实。

现实就是现实，显然，认识事物的现实状况可以大幅提升我们解决真实问题、得到真实成果的能力。如果波音公司认清全球外包的真正困难所在，以及他们对家乡工厂工人的影响，就有机会设计出那些梦想飞机所需的系统和工作流程，也因此能够准时交付。

要破除"幻想现实"走向"现实"，你得先获得正确的信息。每个人都曾经得到过可信的信息，而影响他们对真正现况的认知。但是，如果仅靠"好运"得到这类信息，我们就无法确信自己看见的，究竟是不是事物的实际样貌。

因此，我们建议你进行一项实况检查，询问自己一些简单的问题，以帮助你确定你是真的看见了现实，还是在幻想现实的影响之下。这些问题包括：

"我假装不知道什么？"

"我是否对一些显而易见的事物视而不见，或不重视？"

"我是否做了一个错误的假设，以后它可能会回来伤害我们？"

合适的话，你可以用"我们"取代"我"，但是无论如何，你都应该仔细考虑你的答案。如果发现某一个观点意味着你受到"幻想现实"的影响，却无法肯定，你就应该更长时间地检查你的假设。动手做一个表，列出"可能的幻想现实"，使用实况检查去检视各种迹象，让你知道你应该改变自己对现况的看法。

为你的企业或独特的现况量身打造合适的实况检查，将带给你一系列非常有帮助的问题，让你可以自问自答。或者进一步邀请你依靠的人，帮你开发这些问题。

一定要把所有期望链上合适的主要关系人都包括在内，这可以帮助你找出一系列人人都能够互问的问题，内容就是你知道可能出现的各种议题。让期望链上的每个人都处于"警戒状态"。请注意，现实已经不再真实，这攸关你的主要期望是否能够达成。

时常进行实况检查，你就能够评估自己目前的假设是否正确，因此可以事先预防，让问题不会发生。时时提出这些问题，就可以测试你的假设的有效性，而且如果大家一起进行，就可以帮助你重新校准你的活动，以免浪费宝贵的时间、精力与资源。

当你和其他人在内环工作时，也许你会发现，在他们设法达成你的期望的阶段，如果也能让他们进行自我实况检查，对他们是会有帮助的。

理想现实

现实窗口的第三个窗口是理想现实,它相当简单。你的理想现实就是你希望成真的一切。当然,要了解你的理想现实,就得看你是否在外环有效设定了主要期望。任何期望未达成,就是你走向内环的时刻。再借用马克·吐温的一句话:"当你不知道自己该去哪里时,任何一条路都会带着你走到目的地。"

一旦知道了自己的目的地,即理想现实,就要规划一条清晰的道路以通往未来,而当事情脱离轨道时,就得用上内环步骤。

在内环运作、管理未达成的期望时,通过现实窗口观察是至关重要的。现实窗口可以加速你找出问题所在,然后解决这些问题,以取得成果。

解决未达成的期望

我们想起多年前曾经上过的一门人类行为学的课程,当时,教授信心满满地说,人们之所以无法交付,可以归因于两个简单的理由:他们"不愿意"以及(或者)"没能力"做到别人对他们的要求。这个概念吸引了领导力与人类绩效管理领域的一些管理者的注意,他们广泛依赖这个概念,尤其是保罗·赫塞和肯·布兰佳所开发的情境领导理论。这个概念提出了一个由两部分组成的问题和一个双重的解决方案:为了管理未达成的期望并使人们回到正确的轨道上,你必须提供更多的培训和/或更多的激励。

在过去的20年里,随着我们对人类表现和失败结果的了解越来越多,我们看到个人、团队和整个组织有效地处理了未达成的期望,扭

第6章 内环：管理未达成的期望

转了局面，并获得了创纪录的成果。

当我们与客户合作、帮助他们促进这些绩效的转变时，我们发现这种传统的世界观（能力/意愿）是不完整的，甚至是有害的，因为它实际上会减缓寻找解决方案的过程。（见表6-1）

表6-1 传统观点：未达成期望，是不能，还是不想？

解决未达成期望的传统观点	
能力：能不能	意愿：想不想

我们在数百家公司（包括世界上最大的一些公司）的实验室中与数千人一起工作的经验使我们相信，在你能够完全理解人们为什么不能取得成果之前，你需要考虑另外两个变量："当责"和"文化"。

在过去的20年里，这两个因素一直是我们咨询和培训工作的重点。在传统模式中加入这两个因素，可以让我们更全面地了解阻碍成功的因素，从而更快地诊断问题，更快地交付成果。（见表6-2）

表6-2 积极、有原则的观点：未达成期望，是当责，还是文化？

解决未达成期望的积极、有原则的观点	
能力	意愿
当责	文化

即使最有能力、最有意愿的人，也可能达不到预期。我们一次又一次地看到，组织中充满了渴望成功的人才，他们希望成为一个在世界上有所作为的企业的一部分，但由于某种未知的原因，他们就是没有取得成果。

他们很愿意，也很有能力，但他们要么缺乏当责意识，要么在一种文化（"我们在这里做事的方式就是如此"）中运作，这损害了他们成功的机会。权衡这两种因素，让你能够用正确的解决方案解决正确的问题，从而更有效地发挥领导作用，加快变革，并提高绩效。

案例：做了、做完、做好，却没做对！

一个有趣的例子发生在我们在山区建造自己的小屋时。

我们希望承包商用松木榫头墙板来装饰某个房间，就像小屋的其他房间一样。这看起来很简单，但是，当我们去验收时，发现材料虽然没用错，工人却让墙板的粗糙面朝外。

这面墙的粗糙纹理不仅使木屑暴露在外，容易剐伤人，而且与小屋的其他房间的内墙不相匹配。

当我们问木匠为什么要把粗糙的一面放在外面时，他告诉我们，他做的大多数工程都是如此。他并没有想到要让这面墙与小屋的其他墙面保持一致。

当承包商了解到这个问题时，似乎很惊讶，想知道木匠怎么会犯这样的错误。木匠是一个真正的专家（有能力），他工作了很长时间来完成这项工作（有意愿），而且他做得很好，使接缝紧密，表面有良好的图案，但这一切都错了。

仔细检查发现，承包商没有像他应该做的那样跟进（当责因素），而木匠因为无法联系到承包商而没有检查就做出了决定（文化因素）。

为什么木匠可以自作主张，让墙板粗糙的一面向外？

显然，分包商已经学会了如何应对无法联系到承包商的情况，他们认为如果他们无法联系到承包商，他们就应该自己做决定，做他们认为最好的事情。

当他们例行公事地把这一点智慧传给任何新来的人时，他们就把项目的工作文化和可能出现的明显错误（如墙板粗糙的一面向外）传给了他们。

在这里，当责和文化因素解释了为什么没有达成期望。其代价是什么？木匠多花了三天时间来打磨墙壁，使之与小屋的风格保持一致，同时我们也花了时间和精力来处理这种打磨给小屋其他部分带来的混乱。

了解这个问题后，承包商方面有了更好的当责过程，工作文化也有了改变，得到了我们想要的结果。

【当责管理模型3：内环：四个解决方案】

内环

激励动机　提供培训

改变文化　创造当责

四个解决方案

将当责和文化作为变量加入到这个等式中，为管理未达成的期望提供了一个更完整的模型。通过这样做，你可以得到一个积极、有原则的模型，它可以确定导致某人未能达成期望的四个变量。

这四个变量也为那些要求他人当责的人提供了方向。这四个变量构成了内环解决方案，是当责对话的基础。当责对话使你能够有效地处理那些没有达成期望目标的人，无论他们是不是你的直属员工。

当责对话

无论是因为你没有足够彻底地调查一个情况而让你吃惊，还是因为有人犯了一个令人难以置信的错误而让你震惊，抑或是尽管每个人都尽了最大努力去做一件伟大的工作，但他们都没有达成你的期望，这都是生活的事实。

内环和其核心的当责对话提供了一种有效的方法来管理未达成的期望，并创建产生结果的当责意识。

【当责管理模型2：内环：管理未达成的期望】

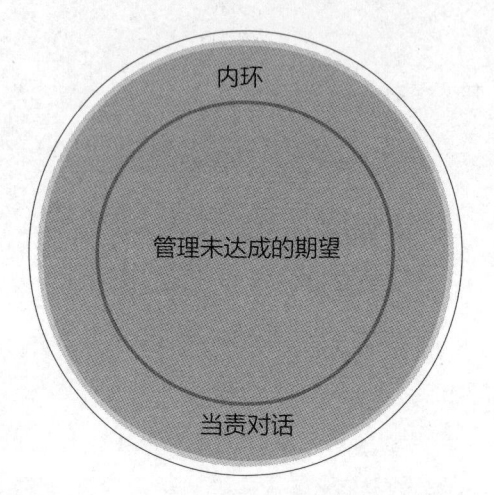

内环

管理未达成的期望

当责对话

面对未达成的期望时，可以选择三种行动方式：

1.降低期望，以适应无法交付的人；

2.撤换人手；

3.和他们进行当责对话，帮助他们生产整个期望链的成果。

没有人会乐意降低期望，但是它随时都在发生，而且当你不知道还能如何改善绩效表现时，它通常都会自动发生。至少从短期来看，因为某些资源的限制，降低期望也许看起来是个正确的决定。但是当你眼界降低时，从长期来看，通常还会造成每个人的损失——这就是要寻求较佳行动的原因。

难道，不能降低期望，就表示要撤换人手吗？这是个艰难的选

第6章 内环：管理未达成的期望

择，因为这么做必须付出沉重的代价，并不只是找到新人的流动成本（一般估计，找到新人必须付出的成本，是被撤换者薪资的三倍）。而且，还要加上必须让新人赶上进度的时间成本。虽然从实际情况来看，有时这是你唯一可做的事。

第三项选择牵涉到当责对话，它的目的是为了改善期望链上的人们的绩效表现。它包含三个简单的步骤（见表6-3）。

表 6-3 轻松进行当责对话的三步骤

第一步：确定问题不是出现在外环
第二步：选择内环的一个解决方案
第三步：使用外环执行计划

第一步：确定问题不是出现在外环

要做到这点，你得先检视自己的当责方式，判断你原先设定期望时的情况如何。你需要判断你是否有效遵循了外环的四个步骤：形成、沟通、校准和检视。和其他人一同检查，以肯定你自己的认知，确信你已经正确执行了外环的每个步骤，这可以让你比较有信心，知道自己看见的是现实的状况。

也许你会更加了解，你还能多做一些改善你在使用外环步骤时的技巧，这种情形并不罕见。只要再和他们一起走一遍外环的步骤，走得更有效一些，就可以解决问题。在承包商和木匠的案例中，承包商清楚地认识到，他未能有效执行外环的每个步骤。

第二步：选择内环的一个解决方案

首先要确定内环上的问题所在。在这里，你可以仔细观察人员或团队，以诊断问题的确切性质。你需要评估困难是源于文化本身，还是源于缺乏培训、动机或当责意识。然后，选择并实施适当的解决方案：提供培训、激励动机、创造当责或改变文化。

本书的其余章节涉及学习如何确定问题的真正性质以及如何解决问题。在小屋示例中，工作现场的文化和承包商缺乏后续当责意识导致了期望落空。指出这个问题为实施解决方案打开了一条有效途径，使事情回到正轨。

第三步：使用外环执行计划

最后，你利用外环的每个步骤，以最有效的方式建立改进的期望。贯彻执行当责流程所制订的计划将帮助你取得成功，即使是在你已经完全放弃希望的情况下。知道如何进行对话，将失败的努力转化为全新的成果，将使你能够更全面和有效地处理未达成的期望。从长远来看，这将为你节省时间和金钱。

当你参与当责对话时，要避免这些"对话杀手"。

【秘诀：扼杀对话的六个杀手】

1. 立刻责备对方没有交出你期望的成果。
2. 提出的问题只是为了扩大他们所犯的错误，而使他们开始自我防御。
3. 你的语气泄露了你的挫折感，以及你目前不愿意前进以解决问题。
4. 你不愿意承认，你当初并未有效设定期望。
5. 你威胁他们，可以轻易撤换他们。
6. 以口头或非口头的方式和他们沟通，说你已经不相信他们有能力交出成果。

以解决问题为目的的对话，并在帮助他们取得成功时给予真诚的支持，这将有助于激发人们的活力，推动他们前进，并鼓励他们做出必要的改变以实现结果。

第6章 内环：管理未达成的期望

当责实况检查

重新审视现实窗口，以某人未能达成主要期望的情况为例，使用现实窗口帮助你分析出了什么问题。识别影响你当前行动的任何幻想现实。考虑一下，你是否可以更早地认识到这些幻想现实。思考你所学到的东西，与其他相关者分享你的见解，并邀请他们提供意见。进行这种事后分析将帮助你更清楚地看到现实并更好地解决问题。

内环运作的风格

与当责流程中的其他步骤一样，你的风格无疑会影响你在内环中的工作方式。那些倾向于控制与强迫风格的人可能让他们的挫折感表现出来，以确保人们真正"了解"，并且毫无疑问地知道人们对他们的结果感到失望。他们永远不会完全满意，直到他们说服自己，对方完全理解他们没有达到期望所带来的不便和麻烦。

如果"彼此"无法向对方交付，而且对于制造出来的问题和后果缺乏了解，具有这种风格的人是不愿意继续前进的。如果是这样，我们建议他们把自己的情绪搁在一边，忘记自己需要别人来"感受他们的痛苦"，而是将注意力集中在另一个更美好的地方。

具有等待与旁观风格的人，往往不大乐意直接处理未达成的期望。他们重视和谐到宁可规避冲突的地步。他们倾向于什么都愿意做，只要能够减少让人当责所引起的不适感。他们发现自己在对话中很难表现出坦诚的态度，不愿让别人知道自己真正的想法。他们必须记住，对话中所需要的开放程度并不见得会破坏和谐。事实上，它还可能让彼此更和谐。

157

此外，让别人听见他们确实需要听到的话，而且实时让他们听见，就可以不用等到最后再来重复这些对话，因为到时候这些对话会更难进行。我们建议带有这种风格的人，必须在事情演变得更离谱之前，就采取较为直言不讳的方法，主动安排当责对话。

内环

在内环中管理未达成的期望，对取得成果的重要性不亚于在外环中的有效工作。以积极、有原则的方式进行的当责对话，提供了一个强大的方法来处理不同的情况，并将失败转化为成功。有效地处理"内环"意味着加快诊断错误的过程，并管理导致未达成期望的四个变量，这是下面几章的重点。

第6章 小结：积极、有原则的方式

在我们进入内环之前，先花一点时间复习管理未达成期望的基本原则与概念。只有记住它们，接下来的章节所提供的解决方案才能让你完全获益。

内环

当责流程模型的第二部分，将帮助你诊断并解决未达成期望的问题。

现实窗口

三种不同的现实观点：幻想现实（对实际状况的不正确描述）、现实（正确描述实际状况），以及理想现实（你希望成真的事）。

第6章 内环：管理未达成的期望

解决未达成的期望

未达成的期望通常可以追溯到四个变量，它们会带来内环的四个解决方案：提供培训、激励动机、创造当责和改变文化。

当责对话

在内环中，解决未达成期望的关键是对话的三个步骤：

第一步：确定问题不是出现在外环；

第二步：选择内环的一个解决方案；

第三步：使用外环执行计划。

How Did That Happen?

第7章

激励动机

如果动机是解决方案

在得出结论，未达成的期望并不是由于你未能有效实施外环的所有方法（我们在上一章中介绍的当责对话的第一步）而导致的，你可以将注意力转向内环的正确解决方案：动机、培训、当责或文化。虽然有时很难找出导致失望的一个变量，但在某些情况下，你可能很快发现缺乏动机是最主要原因。

> 案例：有谁注意到躺在医院地上的那位女士了

以洛杉矶马丁·路德·金港医院的患者伊迪丝·罗德里格斯为例。几年来，该医院一直受到严重的健康和安全违规行为的困扰，并且持续不遵守联邦标准，导致损失了2亿美元的联邦资金，最终关闭了医院。罗德里格斯女士在去世前几天曾多次进出急诊室，每次在出院前都会收到止痛药物的处方。然后，在她最后一次就诊时，出现了严重的问题。

当时，警察发现她痛苦地躺在医院门前的长椅上，于是护送她进入急诊室。随后，监控视频显示，一名护士、两名护理助理和其他三名医院工作人员曾走过躺在地上的伊迪丝；她在痛苦中挣扎了45分钟才死去。监控视频甚至显示，一名看门人在一名奄奄一息的女子周围拖地，该女子明显地躺在地上。显然，许多看到她的人（可能在她之前的就诊中也在场）认为，她在故意演戏，装得很痛苦的样子，以便取得更多的止痛药处方。伊迪丝的丈夫和另一名在大厅等候的人甚至拨打了911，请求急救人员到医院来解救伊迪丝。

那天，伊迪丝死于肠穿孔，大多数专家认为这种情况是可以治疗的。

第7章 激励动机

医院员工怎么会让这种可怕的事情发生？他们是否缺乏帮助痛苦中的人的动机？他们是否接受过适当的培训来应对这种情况？这场悲剧是由于医院工作人员的当责意识太淡薄或失误造成的吗？

这些都是很好的问题。

你可能认为，这四种情况都可能发生，而使得这个未达成的期望害死了人，你可能是对的。然而，我们学到了一个很好的经验法则：如果你怀疑组织的问题源于员工缺乏动机，那么这是你应该解决的第一个问题。

当谈到缺乏动机是未达成期望的驱动力量时，我们的意思并不是指人们太懒了，无法把工作做好。假设期望链中的人其实都很勤劳，他们努力工作，也确实如此。那么，他们为什么无法达成你的期望？

字典将"动机"定义为，"驱使一个人表现或行事的原因"。那就是我们所谓的动机——让人们有不得不如此的理由，努力将自己的工作做好。当这个理由符合他们自己的目标时，他们就会有动机去做你需要他们做的事。

詹姆斯·潘尼是杰西潘尼百货公司（曾经是《财富》杂志提名"最受尊崇"的百货零售商）的创办人，他曾说：

"给我一个有目标的存货管理员，我就会给你一个创造历史的人。给我一个没有目标的人，我就会给你一个存货管理员。"

当人们明白必须去做某事的理由时，他们就会更加努力工作，以取得想要的成果。

在今天复杂的工作环境中，要想抓住人们的心，需要比以往更多的努力，但这种努力总会带来巨大的回报。

从负责到当责

案例：说清楚"为何而做"而不是"做，就对了"

根据《美国新闻与世界报道》的"美国最佳医院"排行榜，我们的一位客户位列全美十大医院之列，它正在努力实现一个看似简单的目标：当患者第一次来到急诊室时，获取完整的近亲属信息。

"为什么，"急诊室的医生们想知道，"我们只有42%的时间能得到这些信息？"

负责这件工作的经理丽兹告诉我们，她对缺乏进展感到非常沮丧，而且这个问题完全占据了她的心思，她发现自己一直在与员工谈论这个问题。

即使丽兹在几个月内对每个人进行了关于何时和如何收集正确信息的专门培训，但当这个数字只上升到47%的时候，她还是感到很震惊。她正在检查她所期望的，但这似乎对解决问题没有什么作用。她是否需要跟在别人后面，不停地让他们按她的要求去做？她一直认为，他们应该这样做，因为这是他们工作的一部分。

在我们在医院举办的一次研讨会上，丽兹突然意识到，如果她要在收集近亲属信息方面取得任何真正的进展，她就需要让她的员工理解政策背后的"原因"。她希望，理解了"为什么"将激励他们做好这项工作。

丽兹改变了策略，把团队召集起来，讲述了收集近亲属信息的重要性。她和大家分享了两个最近发生的故事。

在第一个故事中，一名大学生被紧急送入医疗系统中的另一家医院的急诊室。由于她无法回答医护人员的问题，医护人员也无法找到她的病因，从而导致在她死亡之前没有获得她的近亲属的信息。后来，医护人员从她的家人那里得知，该学生一直在服药。如果医院能够在患者失去反应时联系上她的近亲属，他们就能获得这一信息。这一信息很可能会使医生采取必要的措施来挽救患者的生命。

在第二个故事中，同一家医院的工作人员从同一家急诊室收治的一位老先生那里获得了近亲属的信息。因此医生能够从他的家人那里了解更多关于他的情况，并采取措施，最终挽救了他的生命。

这些生死攸关的故事触动了丽兹团队的神经。他们一直知道收集近亲属的信息很重要，但这些近在咫尺的经历以一种不同的方式吸引了他们的注意力。

为了让团队成员有更为切身的感受，丽兹要求她的团队考虑如果死去的人是他们的姐妹或父兄，他们会有什么感受。

在听完这两个故事并更深刻地理解了收集近亲属信息背后的"原因"后，团队的每个成员都承诺无论如何都要获得这些信息。在短短的两周内，丽兹的部门在收集近亲属信息方面的效率从47%提高到了92%。更重要的是，他们在没有丽兹的微言细语和不断催促他们完成工作的情况下做到了这一点。

现在，她的团队里的人更切身地了解到期望背后的原因——他们有了动机。这个动机提供了解决方案，让她的团队全心投入，交出希望得到的成果。

只投入"手和脚"，却没运用"心灵和头脑"

当人们缺乏足够的动机时，在工作上只投入"手和脚"，却没有运用"心灵和头脑"，组织的士气就会低落，期望就会落空，成果也无影无踪。

案例：“心灵和头脑”也要带来上班

科技专业公司是我们的一个客户，它是一家历史悠久的产品开发公司。当我们与它接触时，该公司已经达到了一个地步，其客户需要一个更具互动性、具有更多用户友好界面的下一代产品。这个新的平台将需要复杂的编程，对制造过程进行大规模的改革，以及产品开发部门的最大努力。

科技专业公司为了确保竞争地位，迫切需要迅速过渡到新产品，这将需要巨大的初始资本投资，该公司预计大部分资金将来自销售部门的客户承诺。然而，由于销售部门怀疑产品开发人员能否及时提供新的平台，他们对向新客户销售现有产品犹豫不决。他们知道，如果出现奇迹，新产品很快上线，任何购买了旧产品的新客户都会感到被出卖。这是一个典型的Catch-22（第二十二条军规问题），而且不容易解决，因为产品开发部门和销售部门之间没有信任可言。

虽然组织中的每个人，包括销售人员，都知道销售人员并未真正用心达到他们的销售，但表面上看起来一切都很好。销售人员正在进行所有的工作，每天打电话，推广公司的产品，但结果表明，他们不仅把脚从油门上移开，而且同时还在握着手刹。虽然他们相信新产品的战略价值，但他们并没有全心全意地把它变成现实。

由于产品开发部门喜欢把自己的底牌藏起来，关于新产品进展的大部分信息都是通过传言的方式传到销售部门的。由此导致的投资不足，以及随之而来的手忙脚乱，几乎破坏了新产品的推出。

一旦高管认识到动机问题，他们就会努力让销售部门的每个人都明白他们在推动新的销售以资助产品开发部门的工作。他们还向销售人员保证，公司将与任何想要升级到新技术的客户合作，这样客户就会觉得公司在公平对待他们。这就是销售部门需要听到的全部内容。没过多久，成果就得到了改善。

尽早发现动机问题可以帮助你避免潜在的连锁事件，这些事件会使人们无法交出你想要的成果。这些可能表明你的组织和整个期望链中缺乏心灵和头脑的投入。

你不需要凡事都要求每个人在工作时用"心灵和头脑"，但是，当你需要人们贯彻执行、交出主要期望时，就会需要期望链上的每个人都能够积极投入。遗憾的是，如今许多组织的员工往往缺乏实现目标所需的动机。

约翰·弗莱明、科特·科夫曼和詹姆斯·哈特在《哈佛商业评论》的一篇文章中报道了盖洛普的一项调查，该调查显示，只有29%的员工在工作中充满活力、全心投入，54%的员工实际上是中立的，他们会表现出自己的样子，做预期的事情，但不会更多。剩下的员工都在散漫地工作。也就是说，71%的受访者只带着"手和脚"来上班，"心灵和头脑"根本没带进办公室。（见表7-1）

表7-1 动机泄密法："手和脚"与"心灵和头脑"

"手和脚"	"心灵和头脑"
人们在工作时会比较注重战术	人们在工作时会同时注重战术与战略
人们会确定完成自己的工作，有时甚至觉得这么做没什么道理	人们会确定取得成果，投入更多心力，以满足需求
人们很容易落入"告诉我该做什么"的模式里	人们不会只等着指令做事，而会主动进取
人们在解决问题时显得比较没有创意	人们以创意解决问题时会变得很有活力

续表

"手和脚"	"心灵和头脑"
人们通常不大表示意见，因为不值得他们花这个力气	如果某些事物显得不合理，就会引起人们的反感
人们定义成功的方式，是他们在工作上花费的时间与精力	人们定义成功的方式是他们取得的成果
人们在工作上不会很"投入"，缺乏充实感	人们投入工作中，非常满意他们的工作

另一项由领先的市场信息公司TNS进行的工作满意度调查显示，25%的美国员工只是"来领取薪水"，而三分之二的员工"不认同雇主的商业目标，也不觉得有动机去完成它们"。

而知名人力资源咨询公司韬睿惠悦的一项全球研究发现，"在日本员工中，只有3%的员工在工作中投入了全部精力"。

这些调查证明，"当责"确实是个全球问题。

更令人讶异的是，有很多年轻的员工愿意放弃升迁，只是因为不想承担太多责任。

在东京都政府（Tokyo Metropolitan Government），许多事业心强的专业人士聚集在一起，"2007年，只有14%的合格员工参加了更高级别的管理职位考试，低于30年前的40%"。从这些统计数据来看，当动机下降时，成果也会下降，经验也是这么告诉我们的。

要如何得到人们乐于当责的心灵和头脑，激励他们交出成果呢？老方法靠的都是棍子的威胁与胡萝卜的利诱。

在16世纪的英国，官员们运用了一种称为"塞辛之利"（Livery of Seisin）的法律原则，将土地从一方转移到另一方。

这种"所有权转移"是作为一种正式仪式进行的。在此期间，双方将在公共场合聚集，并将一根树枝、一块泥土或一把钥匙从一方传

第7章 激励动机

递给另一方，作为所有权变更的象征。

在英国大部分人既不会读也不会写的时候，这些公共仪式有助于纪念这一重要事件。但你如何激励人们记住它呢？

官员们会找些年轻人，通常是这片土地的潜在继承人，把他们浸泡在冷水里或鞭打他们，让他们的经历历历在目。

今天我们不建议你这样做。当你通过强迫和负面后果激励人们做你想做的事情时，你可能会让他们服从，但你永远不会抓住他们的心灵和头脑。

在NBA打了13个赛季小前锋的弗雷德·罗伯茨讲了一个故事，他的一个队友被教练们命令多跑几圈，以弥补训练中的不良表现。教练们想让这个球员加强练习，所以在他绕着球场跑的时候，便大声喊道："快跑。"

这名球员是众所周知崇尚"精神自由"的球员，他回答说："你让我跑多久都可以，但是，你没办法让我快跑！"

于是，他开始一圈圈地跑，但只是绕着球场懒散地慢跑。

想一想这句话："你让我跑多久都可以（手和脚），但是，你没办法让我快跑（心灵和头脑）。"这位球员抓住了关于动机的真相。当我们强迫人们做我们想做的事时，我们只是得到他们的手和脚。当我们调动他们的心灵和头脑时，我们就会得到真正的动机，产生真正的结果。

期望链上的每个人都有工作要做，但要激发他们做好工作，不能只是通过严厉的命令和大声的指挥，更不能用鞭子抽打或泼一桶冷水，对初入职场的新人更不能如此。

案例：媳妇熬成婆？别开玩笑了！

我们认识的一位高效的领导者莎伦告诉我们，她与一位高级分析师在一个项目上合作的经历。

这位分析师名叫简，年轻聪明，似乎很有潜力。然而，不知为何，莎伦交给简的一个任务，简却没有准时完成。

那个任务是为了帮助高管团队研究新兴市场潜力的信息。当莎伦要求简将这份报告列为优先事项时，简只是回答："不，我不打算做那份报告。"

莎伦闻言大吃一惊，问："为什么？"

简很坚定，说："我知道我们不会进入那个市场，那我为什么要花时间做那份报告？"

最后，当莎伦说服了简，让她了解那份报告对高管团队的重要性之后，简还是把那份报告完成得很不错。

在回忆这段经历时，莎伦指出，在某种程度上，她和简的互动是许多领导者在试图激励年轻一代时发生的典型情况——"控制与强迫"的效果远远比不上"说服与劝说"有效。

另一位从事零售业的高管级客户对与年轻一代的工作补充了这一想法。

许多年前，当他还在公司里设法往上爬时，每个人都理所当然地认为，有野心的员工就会整天工作，就连节假日也不例外，以便工作可以完成。

现在，他告诉我们，当今许多年轻员工根本不必把工作带回家，还是能以"上班认真工作、下班专心玩乐"的方式照样完成工作。

第7章 激励动机

他的一位地区经理在帮助某家商店的员工解决一些影响工作和生活平衡的问题时告诉他："我们给他们放了两天假，这是我们从来没有过的。他们却告诉我们，就算这么做，也没什么值得好高兴的。因为，本来就应该放假啊！这些新的、年轻的一代进入劳动力市场，他们的期望值与我们初入社会时不同，我们需要学习以不同的方式管理他们，因为年轻一代不会忍受这种情况……今天在这一行，如果你想用'媳妇熬成婆'的旧有行为模式管理他们，会发生两件事：（1）他们会辞职；（2）他们会对你提起诉讼。"

由于你通常不能命令人们取得高绩效，因此了解如何激励人们想要达到你的期望是很重要的。美国婴儿潮一代可能因为老板要求他们这样做而愿意这样做，但Y一代想知道你为什么要他们这样做。

在《财富》杂志关于培训这一代人的文章中，纳迪拉·希拉说："他们（美国联合包裹运送服务公司）试图培训的年轻人不仅仅是Y一代，他们是为什么的一代——一个'从来都不愿意相信'的族类，他们'凡事都质疑'。"

纽约长岛大学布鲁克林分校的副教授乔丹·卡普兰在《今日美国》的一篇文章中说："Y一代不太可能对当今大部分劳动力中仍然流行的传统命令与控制式管理做出反应。他们在质疑自己父母的过程中长大，现在他们也在质疑自己的雇主。他们不知道如何闭嘴，这很好，但这对40岁的经理人来说是一种折磨，因为他们只会说：'做吧，现在就做。'"

希拉分享了曾任福特公司经理马克·默森纳的故事，他回忆说，有一次他需要解决一个严重的、长期存在的制造问题，而两个热心的年轻工程师想试一试。当马克·默森纳同意给他们机会时，他们和一位经验丰富的导师一起，很好地解决了这个问题，公司的收入增加了

2500万美元。

鉴于他们的成功,管理层采取了一项政策,利用资历尚浅的员工来解决整个公司的其他问题。马克·默森纳总结说:"我们需要使用一个员工的全部——不仅仅是他们的支持和头脑,还要有他们的创新、热情、能量和新的视角。"

主要期望往往需要期望链中的每个人百分百的努力,如果动机不足,你就不能期望这种水平的努力。我们相信,今天要想获得全部努力取决于向人们展示实现主要期望将带来的巨大变化,不仅是对组织,而且还对他们个人。

寻根溯源

多年来的经验告诉我们,成功激励人们的关键在于让他们参与到事业中来。

案例:全心全意、全神贯注

已故的健身大师杰克·拉兰,是美国第一个综合健身俱乐部的创始人,也是第一个电视全能运动节目《杰克·拉兰秀》的明星。回顾他的一生可以看出,他完全是为了他的"事业"。

在寻找赞助商的尝试失败后,杰克创建了自己的速溶早餐营养饮料系列,以筹措足够的资金,让他可以建立一项健康与运动的加盟事业。克服了最初的财务障碍,杰克最终将他的事业发展成一个拥有200多家健身俱乐部的帝国,最终他将这些俱乐部卖给了巴利公司。

他90多岁时,还在继续主持一个广播节目,并为多种产品拍广告，这些广告在全球各地播放。显然，他的事业的激励力量扩展到了他的事业的重要利益相关者，如员工、投资者和客户。当人们有一个令人信服的缘由去做某事时，他们克服困难达成期望的能力就会相当惊人。当这一理由成为一项事业时，由此产生的动机几乎可以保证达成主要期望。

这个缘由不需要涉及生死攸关的情况。它可以简单到为人们提供安全和有利可图的就业环境。但它总是有意义的。无论缘由是什么，让人们与它联系起来，都可以提供缺失的动机，以满足未达成的期望。

你是否记得这样一个故事？

一个路人停下脚步，问两个砌砖的工人："你们在做什么？"一个工人嘟囔着回答说："在砌砖。"另一个工人抬头看了看天空，自豪地宣称："建造大教堂。"

你希望哪一个做得更好？

我们相信，如果你能让期望链中的每个人都看到他们所做的事情中的"大教堂"，他们就会有动机去做伟大的事情，无论他们的工作有多么简单。这种全心投入的驱动力量在各行各业都很管用。

案例：消化性溃疡是成功的标志？

2005年诺贝尔生理学或医学奖获得者巴里·马歇尔教授，在国家新闻俱乐部的一次演讲中讲述了其他科学家如何对他的工作以及共同获奖者罗宾·沃伦的工作不屑一顾。

他告诉听众，他们"被谴责为科学异端""被我们这个行业的成员贴上假货和骗子的烙印"。他们因在消化性溃疡方面的突破性工作而获奖，在他们推翻这一理论之前，消化性溃疡一直被归因于压力过大。

事实上，许多商人仍然把他们的溃疡作为"成功的标志"来夸耀，正如医生曾经建议的那样，通过避免辛辣食物、减少压力和焦虑、大量服用抗酸剂，以及在极端情况下接受手术来补救。

为了打破这些传统观念，沃伦和马歇尔早在1979年就发现了证据，证明溃疡是由于胃中存在的一种细菌而引起的。他们的同事坚持认为细菌不能在胃的"无菌酸浴"中生存，将这一新理论视为胡言乱语。

这两位特立独行的人并没有气馁，他们多年来一直在努力证明自己的理论，并为这种疾病建立了革命性的治疗方法。尽管发表了大量科学论文，展示了他们的证据，但他们发现几乎不可能获得将他们的研究提高到新水平所需的资金。沃伦被现在已经成为一种驱动力的激情所吞噬，他做了一件不可思议的事情。

在一个寒冷的冬天早晨，他服用了一剂细菌，他把这种混合物描述为"味道恶劣的饮料，回味与沼泽水无异"。一周后，他确信他的胃"充满了螺旋菌"。当他用抗生素治疗时，症状在几天内便消失了。

即使有了这些结果，这两位研究人员仍然遇到了阻力，因为大多数医生还是不放弃传统的教条。马歇尔总结道："直到1994年，在罗宾和我第一次将幽门螺杆菌与溃疡联系起来12年后，强大的国家卫生研究院才接受了溃疡的细菌成因，并规定感染溃疡的患者应使用抗生素治疗。"

动机、奉献、热情与全心投入，终于战胜一切。

正如马歇尔告诉听众的那样，"尽管我承认在医学界最终接受我

第7章 激励动机

们的工作的十多年间我感到沮丧，但我内心从未真正沮丧过，因为我知道我所做的是正确的，我们的工作最终会被接受"。

再一次，一个人对一项事业的信念推动他前进，尽管最初遭到反对，但最终还是传遍了整个医学界。当你能让你所依赖的人参与实现一项事业时，就像拉兰和上述两位诺贝尔奖获得者一样，你就会在整个期望链中看到同一种类型的动机、能量和努力来解决他们的问题并取得成果。

永远不要低估这种对你的工作价值根深蒂固的信念的力量。在新加坡与来自六个不同亚洲国家的150名高级领导人一起为百特医疗的亚太区部门工作时，一位研讨会与会者正确地指出："人们会为了钱而工作，会为了好的领导而更加努力工作，但最终会为了一项事业而努力工作。我们一直在剥夺我们团队的事业。"

在《哈佛商业评论》最常被要求授权的一篇文章——"再论如何激励员工"中，弗雷德里克·赫兹伯格谈到了导致满意度的激励因素，如工作本身和成就感，以及导致不满意的因素，如薪酬和福利。虽然赫兹伯格的结论是金钱本身并不能作为一个强有力的激励因素，但他承认金钱确实起到了一定作用。对于那些说金钱不能激励他们的人，赫兹伯格是怎么说的？

"当他们告诉我金钱没有激励作用时，我就把我的费用加倍。"

为了证明他的观点，即金钱发挥了作用，赫兹伯格指出了一个重要的事实："单靠金钱不能真正抓住人们的心灵和头脑。如果人们在他们的工作中找不到满足感与意义，就算再多金钱，也无法激励他们把工作做好。"

什么会在别人身上产生有意义的动机？我们在数百个成功的客户

项目中的工作使我们相信，如果人们不加入一项事业——一项他们可以全心全意接受的事业，你所做的任何事情都不会真正激励他们。归根结底，伟大的激励者是一个让人们感觉到如果他们完成了这项事业，他们就能生产重大影响的人。

案例：看到真相的技术员

我们的一个客户，GBD诊断公司，生产了一种产品，需要使用极其昂贵的Pyrex（康宁百丽系列）小玻璃珠。不幸的是，在制造过程中，近30%的玻璃珠最终成为废品。

参与制造过程的首席制造技术员桑迪开始质疑为什么公司不能重新加工和使用这些被筛选掉的玻璃珠。然而，每次她提出这个问题，都会遇到同样的阻力。例如，技术部门认为这个问题和产品并不相关，判定那些玻璃珠不能重新使用，这是管理层的意见，也被视为最后的决定。

如果桑迪只用手和脚工作，她会接受这个事实，并继续处理其他问题。

在短暂的升职后，桑迪很快赢得了另一次升职，并回到了该地区担任运营经理。在这个职位上，她很快就把目光投向了找出一种方法来重新使用被淘汰的玻璃珠，她认为此举能为公司节省大量资金。

她立即成立了一个团队并制定了项目章程。但是，她再次遇到了强大的阻力，这次是来自她的跨职能团队伙伴——质量工程、合规和产品支持——他们强烈反对重新使用这些玻璃珠。反对者的立场不是基于产品性能的直接经验证据，而是基于多年来经过充分测试和流传的历史信念。

第7章 激励动机

没有跨职能团队成员的支持，桑迪的新项目将无法推进。为研究这个问题而召开的会议是坦诚的，甚至有时会变得很激烈，但桑迪无法说服团队批准推进这个项目。

她了解到，你永远不能低估对现状的信念的力量，即使事实不再支持这种信念。然而，这个教训只会激励桑迪和她的团队继续前进。在对玻璃珠进行测试后，他们确定再加工的玻璃珠不仅可以回收再制，而且这些玻璃珠实际上比原来的玻璃珠效果更好。回收玻璃珠不仅可以为公司节省资金，还可以提高产品质量。

然后，意想不到的事情发生了。在一个不相关的发展中，公司的客户开始抱怨现有产品的重大问题。如果公司不尽快解决这些问题，他们就会失去几个大客户。紧急部署质量更高的再加工玻璃珠不仅有助于解决这个问题，而且还提高了产品的整体诊断能力。公司立即将这一进展告知其担心的客户，从而结束了可能发生的灾难。

最终，桑迪团队的用心工作每年至少减少了110万美元的产品成本，帮助公司保留了许多关键客户，并提高了产品的整体质量。勇于当责的"心灵和头脑"再次得胜。

有意识地、刻意地让人们加入事业中来，可以极大地影响人们的积极性，让他们奋起直追，达到期望。

为了确定你是否应该采取一些额外的措施来帮助你的期望链中的每个人加入这项事业，请回答自我测试7中的问题。根据你目前的一个主要期望以及与该期望相关的期望链中的人，来作答。

【自我测试7：你的事业有多强大】
对下列每个陈述请回答"正确"或"错误"。
____1. 我听见人们会跟别人描述该事业，并且时常重复提及。
____2. 我发现自己定期以令人信服的方式谈论该事业。
____3. 我对该事业非常投入，觉得我自己的心灵和头脑都已经投入其中。
____4. 我可以看见一些证据，人们与我们的方向保持一致并积极参与使其成为现实。
____5. 我发现，人们对我们的事业充满热情，如果他们认为我们偏离了正轨，他们就会开诚布公地表达自己的意见。
____6. 我时常惊讶于人们为确保我们取得成果而做出的努力和表现出的智慧。
____7. 在整个期望链上，我在人身上看到了很多积极迹象。

如果你对这些陈述的大部分或全部回答是"正确"，那么很可能大多数人都对你的事业有高度的投入。如果你对其中几个问题的回答是"错误"，那么你可能应该做更多的工作来抓住期望链中的人们的心灵和头脑。

抓住心灵和头脑

你还能做什么？首先，你可以掌握这四个步骤：定义它（Define It）、推销它（Sell It）、倡导它（Advocate It）及庆祝它（Celebrate It）。

"定义它"，是指编写一个引人注目的故事，抓住人们的想象力，激励他们实现目标。当你用故事的形式来表达事业时，你就会使它变得真实而有形。人们可以在脑海中看到它，更容易记住为什么它值得他们全力以赴。一个好的故事会被反复讲述，因为人们认为它很有说服力。国家橄榄球联盟电影的创作者埃德和史蒂夫·索贝尔说得很好。

【当责管理模型13：让别人加入你的事业】

定义它	以故事的形式讲述事业，包括情节（问题或冲突和高潮）、背景（时间和地点）以及人物（正面人物和反面人物）。
推销它	成为一个讲故事的人，目的是说服期望链中的人为这一事业买单。一定要解决"为什么"的问题。
倡导它	继续公开支持这项事业，用更多的支持性证据来强化这个故事，并随着时间的推移不断讲述和复述这个故事。
庆祝它	以公开的方式确认成功，不仅包括实现目标的最终成功，而且包括一路走来的里程碑。

"告诉我一个事实，我就会记住。告诉我真相，我就会相信。但告诉我一个故事，我会永远记在心里。"

一个令人信服的故事创造了背景，并给人们提供了一个工具，使他们能够以一种强有力的、有说服力的方式随时将信息传递给其他人。每个人都喜欢一个好故事。如果你想让人们关注你的事业，就给他们讲一个他们不会很快忘记的故事。

每一个好的故事都包含某些基本要素：情节、背景和人物。情节列出一连串的事件，从开始到结束，期间人物处理一个紧迫的问题或冲突。在某个关键时刻，即高潮部分，他们直面问题，并以某种方式解决它。背景就是故事发生的时间（未来、过去或现在）和地点。人物包括所有的人，无论角色大小，并且总是包括一个正面人物和一个反面人物。

从负责到当责

在《绿野仙踪》的故事中，情节需要主角（多萝西和她的同伴）进行自我发现的旅程，认识到通过自己的机智，以及沿途的一些善意帮助，他们可以解决自己的问题。多萝西的问题是围绕着回家，其他人的问题是获得一颗心、一个大脑和勇气。邪恶女巫是反面人物，当主角们意识到他们内心一直拥有解决自己问题的力量时，故事便达到了高潮。这个故事已经根植于世界各地的文化意识当中，因此我们将它用在我们的第一本书《奥兹法则》中，以抓住人们的心灵和头脑。

在我们的第二本书《翡翠城之旅》中，我们描述了我们的一个客户组织ALARIS医疗器械公司，在戴夫·施洛特贝克和他之前的管理团队的领导下，如何精心设计了一个引人注目的故事，帮助他们的员工取得了令人难以置信的成功。这个故事是这样的：

我们作为一个组织（人物），有一个独特的机会，通过在未来12个月内改变我们的战略，来拯救生命，使我们的公司更加盈利。我们的战略（情节）将从制造泵输液设备转变为与医院合作，通过调整我们的现有技术，使医院拥有一个监控患者状态和管理正确剂量药物的综合系统。

如果我们不做出这种转变，仅仅继续专注于我们当前的产品供应、当前的市场状况和我们两个最大的竞争对手（反派人物），可能会让我们作为一家公司变得过时，成为敌意收购的牺牲品，威胁到工作机会和我们自己的公司使命（背景）。

另外，如果我们现在就采取行动，成功地做出必要的短期牺牲（高潮），我们将提高患者安全意识，几乎消除致命的人为错误，每年挽救数千人的生命，在市场上创造巨大的竞争优势，提供更多的工作机会，并积累前所未有的利润。

第7章 激励动机

故事以虚弱的现状开始，以美好的未来结束，需要一大批角色的努力，也让这项事业不仅仅是为了赚钱。通过拥抱它，ALARIS医疗器械公司的员工不仅改变了他们的公司和他们自己的生活，而且改变了躺在病床上的每一位患者的生活。戴夫·施洛特贝克的故事成为"那个"故事，因为该组织真正实现了它，几乎在所有衡量标准上都大获全胜，并最终创造了华尔街历史上该行业罕见的股权投资收益纪录。

还记得小时候喜欢的那些"连线"活动书吗？当你把一张书页上的所有数字连接起来时，你会看见一个图形慢慢浮现，原本看起来什么都没有，只是一群凌乱的黑点，到头来却很神奇地变成了容易辨认的形状。一个精心设计的故事也是如此。你为人们（所有的事实、观点、证据和立场）"串联"起来，让人们看到一幅清晰而引人注目的画面，激励人们加入这项事业。

"推销它"指的是成为一个讲故事的人，目的是说服人们接受这项事业。要想成功，你必须利用思想的力量，而不是利用地位或职权的力量，来吸引人们。你不能通过"法令"来激励人们参与事业，但你可以说服人们朝着正确的方向前进。

戴夫·施洛特贝克和他的团队通过一系列"市政厅"会议与期望链中涉及的每个人进行持续对话，从而实现了这一点。他们将这些点联系起来，并定期重复这一努力。

故事成形了，人们接受了它。通过运用一个好故事的所有元素创作出引人入胜的画面，他们成功地创造了一种当责文化，让每个人都觉得自己是扣人心弦的故事中的主角。他们能挫败对手（咄咄逼人的竞争者），拯救世界吗？是的，他们能。

随着当责文化的深入人心，公司里的每个人，从装配线开始，都在讲述和复述这个故事，不仅是在ALARIS医疗器械公司内部，而且也向公司外部的家人和朋友讲述。事实上，在足球比赛或其他社区活动中遇到某人并听到他们谈论ALARIS医疗器械公司发生的事情是很常见的。

"推销它"指的就是回答"为什么"的问题。无论你自己的事业是什么，你都需要以一种与你的特定受众对话的方式来解决任务背后的"为什么"。我们这一行有一个说法："没有需求，就没有销售！"如果你不能说服人们相信你要求他们做的事情能够满足他们自己的个人或商业需求，就不要指望他们会去做。就是这么简单！当你设计你的故事时，一定要用这样的问题解决"需求"。

【秘诀：五个"为什么"的问题】

1. 为什么它很重要？

2. 为什么是我（而不是别人）？

3. 为什么是现在？

4. 为什么要这样做？

5. 我为什么要去做它？

我们合作过的一位高管回答了这些问题，这给他的组织带来了惊人的变化。

案例：你，加入吗？

由于生产问题、工会冲突和市场上不断变化的消费者偏好，杰夫知道他必须迅速做出一些重大改变，以解决这家百年工厂濒临关闭的问题。

为了吸引他的领导团队的注意力，让他们加入他所期望的事业

第7章 激励动机

中,他把这些关键人物召集到大烟山国家公园的一个安静的度假胜地开会,在那里他花了几天时间阐述了新战略背后的理由。虽然他们事先已经讨论了新方向的所有部分,但杰夫现在准备以一种能让他的团队参与进来的方式讲述这个故事。

他针对每一个"为什么"的问题,确保每个团队成员都知道为什么他们的角色对任务的成功至关重要,以及为什么如果每个人都能很好地履行自己的职责,公司的所有利益相关者都会赢。随着所有的点开始连接起来,一个清晰的变革案例出现了。然后,正如团队现在所回忆的那样,杰夫在会议室里转了一圈,逐一询问每个人:"你,加入吗?"

他给了团队中所有人一个选择,如果他们觉得自己不能报名参加,可以靠边站,但他明确表示,他希望他们能加入这项事业。这是一个戏剧性的时刻,他的团队成员至今难忘。高潮是什么?杰夫的领导力、他精心策划并向员工推销他的故事的方式,以及团队通过最终解决工会冲突所取得的惊人成果,将该组织转变为公司中最有生产力的工厂之一。

"倡导它"是指继续公开支持这一事业,用更多的支持性证据来强化这一故事,并随着时间的推移不断讲述这一故事。你继续努力让人们了解这项事业,以便他们不会忘记它,这对你持续不断的努力至关重要,特别是当情况变得艰难或期望很难达成时。

案例:不仅可能发生,还必须成真

有一所州立大学的校长是我们的客户,她因为多年来学校的招生名额不断下降而大伤脑筋。

由于学校的预算来自入学率,她面临着停止向学生提供某些课程并减少教职员工的不愉快的决定。更糟糕的是，如果下降到一定程度，州政府可能会关闭该学校。

考虑到这一切，这位校长向学校董事会介绍了她的故事，并召开了会议。她宣布他们将在今年增加2%的入学率，并告诉董事们为什么会这样做。

起初，持怀疑态度的董事们对她的言论报以笑声，但他们越听取她的有说服力的论点，就越相信这不仅可能发生，还必须发生。

无论这位校长走到哪里，她都会讲述这个故事，所有董事们紧随其后。达成这一期望的热情开始在整个组织内蔓延。校园内，期望链中所有"下线"的人，开始了解如何利用新的课程，将传统的课程重新注入活力，并考虑新的招聘途径来增加入学人数。随着持续的宣传，越来越多能够以某种方式有所作为的人加入了这项事业。

学校的教职员工都受到了这些新点子的激励，而使得那一年的学生入学率增加了惊人的4.2%。

让人们加入你的事业的下一步是"庆祝它"。意思是公开确认成功。你不仅应该表扬人们实现了最终目标，还应该强调一路上取得的所有进步。

一项针对军队中的工作满意度的调查显示，战斗机飞行员的满意度最低，最高的则是厨师。这可能让你感到很惊讶，但是，显然，战斗机飞行员很少得到积极的强化，只有在他们有机会做他们被培训的事情的少数场合，而厨师每天三次听到关于他们表现的即时积极的反馈。

没有什么比庆祝他们的成就更能激发人们的活力并使他们加入这项事业中来。

第7章 激励动机

美国军队知道如何做到这一点。

案例：用心用脑，让人更有热情

在写这本书的时候，我们收到了美国陆军第325战斗支援医院的丹尼尔·汤普森的来信。在信中，丹尼尔讲述了他利用我们教给他的理念，让他的部队参与"生死攸关"事业的经历。

丹尼尔被派到伊拉克的提克里特，负责急诊科，该科室由14名战地医生和6名注册护士组成。当他的团队到达战场时，丹尼尔发现他们需要改变照顾创伤患者的流程。

正如他在信中写的："这起初毫无作用，因为它给人的感觉是医生没有护理责任，而将它交给了护士。前一个单位是由医生主导，在我看来，像是要陷害我那些比较缺乏经验的医生，让他们无法成事。"

为了解决这个问题，丹尼尔指派护士进行初级和二级评估，由医生担任小组长。"我的一些注册护士觉得很不舒服，因为这让他们承担了更多的责任。历史上，这都是医生的工作；然而，在这种环境下，医生的创伤护理经验往往不如护士。"

当丹尼尔在新系统中对他的员工进行全面培训，讲述他为受伤士兵提供更好护理的故事时，他决定以身作则，亲自接诊第一批患者。他知道他正在用尚未证实的方法冒很大的风险。然而，这个简单的举动清楚地向每个人展示了他对这种新方法的信念以及他关于更好护理的故事。新方法证实有效之后，每一次成功，丹尼尔就会庆祝一次。

他写道，最后"那些怀疑者也开始改变看法"。丹尼尔一边身先士卒，一边庆祝一些小小的成就，于是让大家看到新方法的运作确实顺利。整个团队同感光荣，而且从那时起，大家都能接受并提倡这种新方法，并且常常讲述自己的故事。

结果令人很欣慰，丹尼尔的团队在整个部队里获得了肯定，被认为是可以解救性命的"后勤维修人员"，团队成员投入了他们的心灵和头脑，热情寻找可以改善程序的其他方法。在他们向丹尼尔提出的想法中，90%都获得了执行。

为了表彰丹尼尔使他的团队成为医院绩效最高的团队所做的工作，丹尼尔被授予铜星勋章。

丹尼尔指出，比这一荣誉更重要的是，"许多人的生命得以挽救，是因为我们有能力适应变化并保持对持续改进的关注"。庆祝活动并没有就此停止。当军队最终在整个战区引入他的团队开发的许多护理流程时，数百名受伤的士兵得到了军队所能提供的最好的护理。

保持事业的活力

你需要不断努力，通过向新加入的人推销它，向已经加入的人宣传它，并与每个人一起庆祝它，使这项事业保持活力。要确保利用所有真正的机会来庆祝进步和成就。我们不建议你把每一小步都变成举办豪华派对的借口，但我们确实建议你在人们向前迈出重要的一步时经常给予表扬。如果不这样做，几乎会挫伤任何人的积极性和士气。沉默是事业的杀手。

在你努力利用你的事业的激励力量时，你应该提防潜伏在外面的所有潜在的事业杀手。它们中的任何一个都可以让你在整个期望链中吸引人们的心灵和头脑的努力戛然而止。

第7章　激励动机

【秘诀：七个事业杀手】

1. 在你质疑自己的支持程度时，你停止宣传事业和讲述故事。
2. 你的行为与你所推动的事业不一致或相矛盾。
3. 你不庆祝一路走来的成功，发出这样的信息：重点并不像你说得那么重要。
4. 你让人们参与这项事业，但你希望他们只是做你告诉他们要做的事，而不鼓励他们的投入、参与，或在前进中的创造力。
5. 你让其他事业稀释了他们在最重要的事情上的努力。
6. 你不给人们与你对话的机会，不给他们提出问题和得到答案的机会，而这将有助于他们充分参与。
7. 你忽视了一个日益增长的看法，即人们担心他们没有听到全部真相，并感到受到某种程度的操纵。

上述的任何一个杀手都会使你花费的心力转向，而无法约束期望链上的人们的心灵和头脑，以致无法达成你的主要期望。

切记，谈到使人们投入的问题，动机与操纵之间有天壤之别。没有人喜欢被人操纵，但是每个人都喜欢真正的动机所带来的活力与快乐。操纵者试着通过欺骗或压力逼人上车，那也许一开始可以使人们朝正确的方向前进，长期下来，却无法留住人们热情的支持。另外，激励者则依靠说服力来说服他人为这项事业奉献自己的心力。他们以诚恳、真实和诚实的方式说出自己的心声，他们的故事总是真实的。

要让人们加入这项事业中，并激励他们实现未达成的期望，每一次努力都需要真诚、真挚和真实的努力，而不需要任何形式的操纵。人们会发现微妙的面部表情和肢体语言是某人试图操纵他们的信号。虚伪的微笑可以显示出不诚恳。

当责实况检查

为了将这些概念付诸实践，考虑一下期望链中的人，你指望他能做得很好，但目前他似乎因为明显缺乏动机而让你失望。

通过定义事业、推销事业、倡导事业和庆祝事业的进展，参考让人们加入事业的准则。

记住，你需要用必要的情节、人物、背景和高潮来编写故事。它不需要涉及像拯救生命那样戏剧性的内容，但每个企业，即使最平凡的企业，都需要一个令人信服的事业，让它的员工做伟大的事情。

记住，在你努力发展必要的动机，使人们投入到完成工作中时，要继续倡导这一事业。你也许甚至可以考虑，把这个故事说给期望链中的所有人听。

激励风格

与当责流程中的所有步骤一样，你的风格会影响你如何让人们加入这个事业中。那些具备控制与强迫倾向的人，要谨慎行事，以避免实际的或被认为的操纵。检查你使用职位权力作为工具让人们做你期望他们做的事情的嗜好。

记住，只要人们感到被迫，他们也会感到被操纵。花点时间整理出一个有说服力的故事，说服人们加入你的事业，避免任何可能被他们理解为不真诚的试图让他们加入的言行。

如果你的当责风格属于"等待与旁观"，你也应该避免产生操纵的感觉，但原因完全不同。你可能会犯一个错误，那就是过于卖力，

第7章 激励动机

试图用大量的事实来说服别人，有些事实并不完全有效，结论也被强烈地歪曲以符合你的观点。这种缺乏客观性和说服力的倾向可能会使人们后来觉得你通过宣传一个夸大的或不完全准确的故事而占了他们的便宜。你不希望人们认为你只是说服他们去做。与其运用你的人格力量，不如真诚地帮助别人理解前进的意义，让想法的正确性所带来的力量来说服别人。

动机驱动培训

当你发现解决方案是动机时，你可以着手传达一个令人信服的事业，让人们可以支持、可以接受，并相信会带来真正的改变。

同样，这并不是说人们懒惰，尽管这偶尔也会发生。相反，它是关于人们需要一些他们可以相信的东西，一些值得他们投入心力的东西。学习如何为人们讲述连接这些点的故事，让他们加入这项事业中，并帮助确保那种能够激励人们克服障碍和找到创造性解决方案的承诺。这就是在整个期望链上训练有素、知识渊博的一群人所具有的技能水平，这也是内环里的一个解决方案的目标。

第7章 小结：积极、有原则的方式

回顾本章的要点将帮助你让人们参与到你的期望链中，并抓住他们的心灵和头脑来解决未达成的期望。

"手和脚"相对于"心灵和头脑"

你可以很容易地让人们行动起来（手和脚），但要让他们完全投入一项事业中（心灵和头脑）并不那么容易。主要期望通常需要手脚并用、动脑筋才能得到结果。

让人们参与事业

采取四个简单的步骤让人们加入你的事业。第一，通过精心设计故事来"定义它"；第二，通过成为讲故事的人并解决"为什么"的问题来"推销它"；第三，通过继续公开支持这项事业来"倡导它"；第四，通过公开确认成功来"庆祝它"。

1. 定义它

以故事的形式讲述事业，包括情节（问题或冲突和高潮）、背景（时间和地点）以及人物（正面人物和反面人物）。

2. 推销它

成为一个讲故事的人，目的是说服期望链中的人为这一事业买单。一定要解决"为什么"的问题。

3. 倡导它

继续公开支持这项事业，用更多的支持性证据来强化这个故事，并随着时间的推移不断讲述和复述这个故事。

4. 庆祝它

以公开的方式确认成功，不仅包括实现目标的最终成功，而且包括一路走来的里程碑。

"为什么"的问题

在讲述这个故事时，确保针对你的特定听众解决每一个关键的"为什么"的问题。

第8章

提供培训

如果培训是解决方案

在探讨了动机作为解决未达成期望的一种方案之后，我们现在将研究内环的四个解决方案中的第二个：有针对性的培训。如果你怀疑员工因培训不足而未能达成预期，那么理想情况下，你希望提供的培训不仅能解决当前问题，还能提高期望链上每个人的长期交付能力。

> 案例：大胆一点，设法改变现状，然后想办法成功

在我们与Valassis（媒体营销服务商）的合作中，遇到了一个很好的例子，说明有针对性的培训可以对人们实现期望的能力产生影响。

Valassis收购了美国最大的直邮营销公司——ADVO，总收入从11亿美元增加到23亿美元，成为美国领先的媒体和营销服务公司之一。两个公司的运营方式有很大不同。Valassis实行的是快速完成的方式，而ADVO采取的是更慎重的方式，"按部就班"地运营，在采取行动之前进行充分的规划并寻求充分的共识。

ADVO已经建立了一流的声誉，并在其行业中排名第一。约翰·莱布朗，Valassis的首席信息官，最终不仅要面对合并两个不同的IT部门的挑战，还要解决他的团队面临的一些严重的文化、组织和技术挑战。公司的每一个部门都需要与它的姊妹部门结合起来，尽快形成一个顺利运作的单位。由于公司的成功取决于合并后的IT部门能否顺利运行，首席执行官阿尔·舒尔茨坚持认为，整合工作必须迅速进行。约翰理解首席执行官对他的期望。

约翰一边思考这项挑战，一边安慰自己，他已经组建了一个高度积极的IT团队，可以解决这种问题。他们认真对待取得的成果，肩负

第8章 提供培训

起按时、按预算交付的责任,做好每一项工作,让客户满意。合并不但没有吓倒他们,反而给每个人注入了新的活力,为每个项目带来了紧迫感和意义。

约翰只需要弄清楚他需要做什么,以便将责任落实到整个组织的所有IT员工身上,并迅速有效地合并这两个部门。我们永远不会忘记约翰在回顾这整个经历时对我们说的话。"当我被录用时,我知道我有三个选择。一是什么都不做,最终被解雇。二是做一些大胆的、戏剧性的事情来改变现状,结果失败,然后被炒鱿鱼。三是做一些大胆的、戏剧性的事情来改变现状,使之成功,并证明IT部门是领导者。"

约翰更倾向于选择第三种方案,但他认识到,为了实现这一目标,他的团队需要共同的技能和方法来快速调整和整合这些部门。就在这时,他把我们带到了Valassis,培训IT团队使用特定的模型和工具,以帮助团队掌握创建一个符合首席执行官阿尔·舒尔茨期望的新的综合部门的所有权。

培训开始后,约翰介绍了预期的结果,完全避免了"合并部门"的话题。相反,他定义并传达了合并后的IT部门需要实现的四个关键业务成果:

(1)减少IT支出,这将释放现金并提高收益;

(2)提高投资回报,确保每项投资都有明确的详细财务回报;

(3)促进员工的职业发展,促进保留和晋升机会;

(4)减少周期时间,更快地实施解决方案。

然后,他对每个关键业务成果进行了量化,并坚持要求每个部门的领导都参加计划中的培训。随着培训的进行,约翰带领团队进行了统一讨论,使团队围绕关键结果团结一致。培训的重点是帮助团队在整个IT组织中建立对每个关键业务成果当责意识。同样，他们没有把重点放在合并组织上，而是放在他们可以采取什么行动来实现这四个关键业务成果上。

结果是：在第一年结束时，IT部门是整个公司中第一个成功地将两个部门整合为一个的部门。从Valassis和ADVO这两个截然不同的公司中汲取最佳实践，IT部门的同事们能够在短短四个月内将他们的业务结合起来，提高服务水平，并按时、按预算交付高质量的新开发项目。

最重要的是，约翰在正确的时间使用了正确的培训，为他的团队注入了活力，并取得了首席执行官所期望的关键成果，使IT部门成为公司中表现最好的团队。

Valassis的例子展示了培训的效果，在这种情况下，培训的重点是定义和沟通你期望人们提供的关键结果，这可以极大地提高人们达成期望的能力。

当另一个客户，Coffee Bean and Tea Leaf（美国精品咖啡和茶行业的第二大公司），召集他们的高管团队参加关于这个主题的培训时，前20名高级经理中只有两个人能写下公司在未来一年需要实现的前三个关键成果。然而，在最初的培训结束后的90天，这一次，公司的275名总经理聚集在一起，随后的调查显示，这些总经理中的每一个都能准确地说出这些关键成果。更令人印象深刻（但一点也不令人惊讶）的是，在接下来的一年里，他们所有的关键领先绩效指标都得到了改善，员工流动率大幅下降，质量水平几乎飙升了100%。

虽然所有组织都应将帮助员工提高实现所有期望的能力作为优先事项，但很少有组织能做到他们应该做到的。全球管理咨询公司埃森哲的一项研究显示，三分之二受访公司的领导者认为，绝大多数员工

第8章 提供培训

"不具备在行业领先水平上执行工作所需的技能"。美国人才发展协会报告的另一项针对美国和欧洲工人的研究发现,"平均而言,74%的工人被要求完成他们认为没有得到充分培训的任务"。那么,这一切意味着什么呢?这意味着,由于培训太少,人们的期望往往得不到满足。你能怎么办?在整个期望链的适当时间实施适当的培训。

正如我们在第7章中指出的那样,简单地依靠寻找合适的人才作为发展组织能力的解决方案,虽然这是一个理想的目标,但充其量是不现实的。

资源限制、技术变革、不断发展的组织文化以及求职者中有限的人才都使得聚集合适的人才和适量的人才不仅具有挑战性,而且几乎不可能,埃森哲和美国人才发展协会的研究中提到的技能缺陷就是证明。

我们同意马库斯·白金汉和柯特·科夫曼的观点,他们在《首先,打破一切常规:世界顶级管理者的成功秘诀》中认为,"正确的人才,比经验、比脑力、比意志力更重要,是在所有角色中取得卓越成就的先决条件"。

我们同意这种说法。白金汉和科夫曼还宣称,与知识和技能不同,你无法教授人才。大多数组织都在努力招聘和留住适量的人才。即使他们成功地做到了这一点,他们仍然必须为这些人才提供所需的指导和发展,以使他们的努力能够产生预期的结果。无论你是否招聘到了合适的人才,你都应该把发展整个期望链的能力和技能作为首要任务。

在过去20年里,我们在培训和咨询行业的经验使我们相信,在正确的时间为人们提供正确的培训可以迅速改善成果,这可能造成成功和失败的不同。我们一次又一次地见证了这一点,我们看到无数组织在期望链中注入了有针对性的培训,从而扭转了业绩下降的趋势。一旦把培训确定为未达成期望的主要原因，你就可以集中精力进行当责对话，为正确的问题提供正确的解决方案。

要有意识，维持觉察

要将培训确定为问题的解决方案并不总是容易的，因为这需要对你真正需要改进的方面有高度的认识。无论好坏，人们往往会陷入他们几乎没有意识到的舒适习惯和例行公事。为了解决这个问题，我们使用了基于可靠行为科学的能力阶段模型。我们使用这个模型来阐明人们在学习新事物时从"新手"到"大师"的过程中所经历的各种意识和能力水平。该模型还为教师提供了重要的见解，让他们了解他们在扮演教练和培训师角色时个人需要的意识水平。

让我们把这个模型应用到一个孩子学习骑自行车的过程中，这几乎是我们每个人都经历过的事情。

【当责管理模型：14：能力阶段模型】

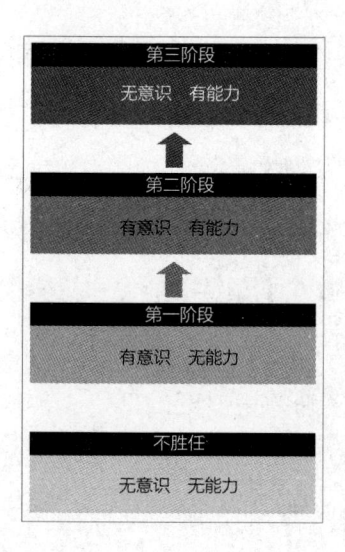

第三阶段
无意识　有能力

↑

第二阶段
有意识　有能力

↑

第一阶段
有意识　无能力

不胜任
无意识　无能力

第8章 提供培训

🔍 案例：学习骑自行车的能力阶段

在她的第一堂课上，她站在那里支撑着闪亮的新自行车。她对学习如何骑车感到很兴奋，但她也感到有点困惑和迷茫。她见过别人骑自行车，但当她考虑如何协调所有技能（平衡、踩踏、转向和刹车）以顺利地在路上骑行时，她感到有点不安。在这一点上，她不知道自己需要知道的所有事情，她无法在同一时间把所有的事情放在一起。坦率地说，她只是没有足够的能力来完成这项任务。

通过解释和示范的形式对她进行一些培训，这位即将成为自行车骑手的人在理解上提高到了一个新的水平。她开始意识到她尚未学习的一切，至少她知道自己还不能做什么。她达到了能力阶段模型的第一阶段，有意识，但仍然不能。

通过一些练习（好吧，大量练习），她最终学会了所有的技能，骑上了自行车。在她的自行车上保持平衡，虽然还有点不稳；在道路危险处转向时虽然还不是很顺利，但她做到了。通过练习，她开始骑得不错了。然而，将所有技能放在一起仍然需要高度集中注意力，任何分心通常都会导致失去平衡和膝盖或肘部磕破皮，至少在一开始的时候。随着时间的推移，她的意识和能力逐渐增强，这是能力阶段模型的第二阶段。

随着更多的时间和练习，她在某种程度上成为骑车专家。事实上，她现在可以在小区附近四平八稳地骑车了，甚至可以表演一些小技巧，比如不用扶着车把慢慢滑行。

"哇，"她的骑车教练喊道："你现在真是个专家了！"到了这个阶段，她骑车时，不用去思考平衡、转向和踩踏的问题。分心已经不再使她迷惑，或者使她失去平衡。终于，她再次变得无意识，不需要去想自己在做什么，而她，当然是有能力的，这是能力阶段模型的最后一个阶段。

第二和第三阶段反映了能力的高阶段，因为处于这两个阶段的人可以做他们需要做的事情。有趣的是，第一和第二阶段都提供了培训他人的好机会。虽然"有意识"和"有能力"阶段可能让你觉得那是教练的理想平台，但你不能否定第一阶段。当涉及培训他人时，"有意识"有时比"有能力"更重要。

古老的格言是有一定道理的，"能者多劳，不能者多教"。想想那些在赛场上并不出色的体育教练吧。在这方面值得注意的是约翰·麦登，他因在奥克兰突袭者队的教练成就而在职业橄榄球名人堂获得一席之地，而不是因为他作为球员的表现。麦登在第21轮被选入职业橄榄球大联盟（总第244轮），他发现自己在训练营期间因膝盖受伤而永远退出赛场。文斯·隆巴迪在大学里打过橄榄球，但从未参加过职业橄榄球大联盟。然而，他后来却成为一名传奇教练。

到了第三阶段，你达到了如此高的熟练程度，以至于这种行为变得如此根深蒂固，你可以不假思索做到你需要做的事。你是根据"自动驾驶"（不用意识思考的能力）去运作的。你最后一次有意识地想到系鞋带、剥橘子甚至开车，那是什么时候？然而，当条件突然发生变化时，通常你会立即下降到不胜任的状态。例如，想象一下，你正以每小时60英里（约96.5千米）的速度在高速公路上行驶，完全处于能力的最高阶段，即无意识的状态，这时你前方汽车的刹车灯突然亮了。我们中的大多数人，至少那些不参加纳斯卡比赛的人，会退回到"无意识"和"无能力"的状态，大脑瞬间一片空白，不知道是加速

第8章　提供培训

超过这辆汽车,还是猛踩刹车,希望后面的人能够更自觉和迅速地对这种情况做出反应。

说到绩效,最后阶段则代表了最高的能力水平,但处于这个阶段的人不一定是最好的老师或教练。事实上,执行任务已经成为你的无意识和"第二天性",这实际上会使你更难教别人如何做,因为你已经忘记了所有的小步骤,而这些步骤是你成为任务高手的基础。考虑一下教别人如何发网球、将高尔夫球开出250码而不打滑、将保龄球从球道中间直滚下去,这时你会发现,要想变得有意识是相关困难的。

在一次英国之行中,我们踏上了特拉法尔加广场的一条繁忙的街道。对于一个美国人来说,向左而不是向右看迎面而来的车辆是一个根深蒂固的习惯,我们不得不提醒自己,在英国我们需要向相反的方向看是否有危险。听起来很容易吗?并非如此。我们需要大量的注意力和不断的提醒才能逐渐形成这种新的行为方式。我们很容易回到我们的旧思维模式中。然而,当我们注意到市政府官员在每个人行横道的路边都画上了"向右看"的箭头,指向正确的方向时,我们意识到我们并不是唯一在努力保持清醒的人。显然,这不仅仅是对我们这些习惯于在踏上街道前向左看的人的一种礼貌,也是承认保持清醒是多么困难的事,即使我们绝对知道如果踩错一步,就可能和疾行的出租车"不期而遇"。

维持意识上的警醒可能带来极大的利益。我们在一次资深团队的培训中,进行了一次我们称之为"解决它"的比赛。在《奥兹法则》一书所描述的当责步骤中,"解决它"跟在"发现它"与"承担它"两大重要步骤之后。我们要求首席执行官指出该组织目前最迫切需要解决的问题,她迅速回道:"改善收入总额。"国际市场的压力如此巨大，该公司最需要的就是完成一个充满野心的新数字。在"解决它"的比赛中，资深团队全神贯注，设想公司还能做什么来取得成果。换句话说，他们花时间提升自己的觉察与意识，想出他们还能开发哪些机会。这项练习的结果是，他们终于找出一些价值10亿美元的机会。首席执行官向这个团队发起了挑战，要他们在接下来的90天里从这些机会中找出"垂挂最低的果实"。三个月之后团队回报，找出了4000万美元立即可见的机会。该公司于是着手跟进这4000万美元，迅速实现了这个营业额。这个高效的团队在能力阶段模型的第二阶段发现了巨大的价值，并问自己还能做什么来改善收入总额。

当然，反之亦然。缺乏意识，即使是在已经达到很高的专业水平的情况下，也会导致你错失良机。你可能还记得西雅图计算机产品公司的程序员蒂姆·帕特森的故事，他在1980年编写了86-DOS操作系统，微软公司的前负责人比尔·盖茨仅用5万美元就买下了这个系统。盖茨需要这个系统来履行他与IBM签订的许可协议，为他们的计算机提供软件。西雅图计算机产品公司了解到盖茨的所作所为后，指责微软没有披露客户的名字，从而欺骗了他们。微软通过额外支付100万美元进行和解。接下来的故事我们都知道了。这笔重要的交易为微软在价值2530亿美元的软件业务中的主导地位奠定了基础。我们可能为我们的"无意识"而付出巨大的代价。

进入能力阶段模型的意识阶段，我们可以看到事情的真实情况，从而使我们和我们周围的人能够更有效地利用现有的机会。与其袖手旁观，任由人们在技能不足的情况下摸索，不如努力提高自己对期望链中所需的培训的认识。"我的意识有多强？"自我测试将帮助你了解你在这方面的情况。

第8章 提供培训

【自我测试日：了解我的意识】
针对以下每个陈述，请凭直觉回答"正确"或"错误"。
____1. 我可以很容易地确定我需要培训的主要领域，并且可以看到培训如何让我更充分地实现他人对我的期望。
____2. 在过去的一年中，我参加了某种培训，以提高我的能力，满足他人对我的期望。
____3. 我鼓励我所依靠的人接受他们所需的培训，以确保他们有能力完成任务。
____4. 在过去的六个月里，我（直接和间接）支持对我的期望链中的其他人进行培训。
____5. 我经常建议对他人进行额外的培训，作为对未达成期望的补救措施。

在这些陈述里，如果你的答案有一个"错误"，也许你就无法解决未达成期望的问题，只因为你不会运用更进一步的培训，以便让事情更准确地走上正轨。如果是这样，那么你可能没有意识到培训在帮助人们解决未达成的期望方面所能发挥的作用。在使用培训作为解决方案时，要有更多的意识，并保持这种意识，这可能会给你在这个内环解决方案上投入的时间、精力和资源带来巨大的回报。

培训启动器

如果培训是你判断能够解决未达成期望的方式，你首先需要确定帮助他人成功所需的干预程度。训练启动器可以帮助你做到这一点。

培训干预有四个级别，每个级别都取决于两个因素：需要花费多少心力来提高需要培训者的绩效，以及他们无法交付的频率。一旦确定了未达成期望的程度，你就可以选择适当的培训方案：针对问题、模式、表现或安置的辅导。

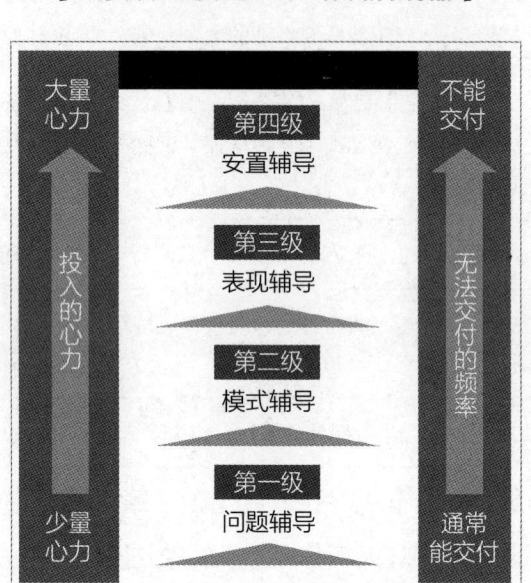

【当责管理模型15：培训启动器】

```
大量          第四级          不能
心力          安置辅导         交付
                                
投            第三级          无
入            表现辅导         法
的                           交
心            第二级          付
力            模式辅导         的
                            频
少量          第一级          率
心力          问题辅导         通常
                           能交付
```

在第一级，这个人一般表现良好，只是偶尔会出现无法交付。在这种情况下，你可以迅速实施培训干预。

案例：多看、多做、多教

最近，我们去一家大型零售服装店买了几件休闲衬衫。选好后，我们走到柜台前，一位店员面带微笑，友好地招呼我们："有什么可以帮您的吗？请随我到另一个收银台。"

显然，我们走错了收银台。我们跟着她来到另一个收银台，在那里我们注意到一个牌子上写的字：买两件衬衫可减5美元。

当我们向店员指出这一点时，她说："对不起，那个促销已经结束了。"

第8章 提供培训

我们对此表示质疑。"哦，"她说，"我们可以问问经理。"

恰好，她的经理就站在收银台旁边打电话。

由于该店员显然急于解决问题，我们就在一旁等着。然而，经理虽然看到我们在等，但似乎并不急于放下电话。

最后，她结束了电话，并回答了我们的问题。她显然很恼火，转身对店员说："哦，是的，才5美元嘛！拿掉这个牌子就是了。"

店员抗议说："我不知道怎么做！"

沮丧的经理甚至没有看店员一眼，就滔滔不绝地说出了一连串技术层面的操作指令。这位店员显然是个新手，完全被激怒了，一种完全沮丧的表情取代了之前友好而热切的笑容。

经理已经给了她一套明确的指令，但是，由于她在很短的时间内像机关枪似的说了太多信息，因此当场就摧毁了这个小小的"培训课程"。

现在，老师和学生都感到很沮丧。然而，所幸经理克服了她的情绪，说："让我做给你看。"然后，她带着店员一步一步地简单操作，最终完成了交易。

店员唯一需要的是，有人花时间告诉她该怎么做。作为一个典型的第一级员工，她通常能做得很好，而且不需要她的经理做什么努力就能做得更好。虽然她以前学过怎么做，但她需要多看几遍才能掌握其中的窍门。

其实，医学院的学生也是如此，他们应该根据"看一次、做一次、教一次"的标准，耗费多年学到重要技能。

艾琳·拉蒂根曾经是纽约大学医学院负责学生教育的首席住院医生，她谴责这一传统的无效性。她认为，只需看一次和做一次就能掌

203

握可能挽救生命的医疗程序的观念不仅不现实，而且有潜在的危险。她提供了一个更有效的选择：多看、多做、多教。

在第二级，你会发现比较一贯的模式，经常无法交付，因此你需要投入更多的时间和精力进行培训。要解决这些未达成的期望，有很多事情要做，而不只是经理对店员的简单示范。你必须使用教练与意见反馈的模式，才能让人做得好。

案例：外部教练的监督

我们的一个客户蒂姆，指派他团队中一个非常有能力的人杰伊，担任高级管理团队的一个重要项目的团队领导。这是杰伊第一次有机会在这样一个重要的、注重时效的项目中领导一个团队。令蒂姆懊恼的是，他发现杰伊不愿意向他提供项目的最新情况。

杰伊看起来几乎是保密的。当他提供进度时，只是在蒂姆的要求下才提供，而且信息量几乎不足以让蒂姆对进度感到满意，也不足以让他对团队是否真的能按时完成项目感到放心。蒂姆曾多次试图对信息太少和合作不足的问题进行培训，但杰伊没有对这些努力做出回应。

最终，项目报告的时间到了，让所有人都松了一口气，尤其是蒂姆，结果是好的。尽管有沟通上的问题，杰伊最终还是在这个项目上做得非常好。然而，尽管取得了成功，团队的每个人都对杰伊的项目管理技能发出了痛苦的抱怨。在整个项目进行的过程中，蒂姆通过辅导和示范一些所需的技能，尝试了第一级的培训策略，但都无济于事。他需要进展到第二级。

蒂姆决定在第一次成功后，立即在一个新的项目上利用杰伊的才能，但前提是杰伊必须对认真的培训干预做出反应。为了实现这一目标，蒂姆请来了一位外部项目经理，对杰伊进行教练，并在项目进展过程中与他并肩作战。

事实上，蒂姆聘请了两位外部教练：一位帮助杰伊提高项目管理技能，另一位帮助他理解为什么高管们希望看到一份两页的执行摘要，而不是一份长达40页的详细报告。杰伊不仅接受了，而且对公司对他所做的投资受宠若惊，因为他将再次监督一个高度可见和关键的公司项目。这一次，从项目管理的角度来看，工作进行得更加顺利：报告清晰、简明、信息量大，最后在期限内完成，管理团队不仅称赞了最终结果，还称赞了杰伊的工作方式和取得的结果。

到了第三级表现辅导，一种严重的问题模式持续存在，显然此人再不培养出更强的能力，就无法成功。

你可能很想直接跳到第四级安置辅导，劝说这些绩效不佳的人离开组织；但是，在这个层级的问题，运用培训可以让你有所收获，虽然称不上立竿见影。这个层级的"未达成期望"可以启动辅导工作，不只是针对问题或该模式，还要针对整体的表现。由于在职培训与外部教练都无法解决问题，这个层级的人也许需要非现场的正式学校教育、专业团体提供的培训课程以及大量的业余学习。

案例：山顶洞人进化为数位新移民

琼是一家快速发展的公司的市场部经理，对最先进的互联网营销实践几乎一无所知，因为她从未在这个快速发展的领域接受过任何培训。从平面的实体营销到网络的虚拟营销的变化发生得实在太快，她就这么和它擦身而过。她知道自己不可能学会公司要求她在工作中做的所有事情。相反，她需要外界的帮助，以适应诸如网站开发、搜索引擎优化、电子邮件活动和在线网络研讨会等互联网营销解决方案。

琼显然需要第三级表现辅导，因此，公司对外部协助进行了投资。她接受了该领域专家的指导和培训，并从对互联网营销游戏了如指掌的供应商那里得到了关于最佳做法的建议。同样重要的是，她在下班前和下班后都进行了个人投资，以使她的技能和理解力达到最高水平。

在她获得知识后，她在日常工作中进行实时实验，应用所学。

结果是，她现在比大多数给她提供建议的供应商知道得更多。在这一点上，她的经理认为，经过重新培训的琼已经不可同日而语，他们再也请不到任何还能为她增添新知的互联网营销大师。公司看见了两个巨大的回报——公司迫切需要增加的新能力，以及琼得到的新技能。

第四级安置辅导包括那些全无响应的人，你曾经试着培训他们，但全然失效。

他们持续无法交付，因此只剩下最后一条路——安置辅导。你可以把他们安置在另一个更适合他们能力的工作岗位上，或者，如果这似乎对此人或组织来说都不可行，你可以利用组织公认的程序和政策，劝他们离开组织。

案例：从问题儿童到绩效明星

麦克·斯奈尔是我们的出版经纪人。他曾经是一家出版公司的经理，他跟我们提到，有一次他运用教练技巧，为老板劝说一位员工调职。

当时，他与一位新晋升的编辑杰克共事，后者缺乏耐心用逐字逐句的方式撰写一份文稿，而这是编辑的一项关键能力。

其实，杰克非常善于确定一本新书的内容、特点和对读者的好处。

因此，麦克并没有劝说杰克到另一家比较适合他一展才能的公司，而是说服自家公司的营销部，让杰克有机会通过内调从事营销工作。

短短几个月的时间，杰克不仅得到了新职位，而且，从编辑部的"问题儿童"摇身一变，成为营销部的"绩效明星"。

一旦你确定了有意愿、有责任心、有能力的人，而他们只需正确的培训就能实现你想要的结果，你就可以参考培训启动器，进行适当的投资来发展他们的技能。培训启动器使你能够思考如何帮助他人成功，并刺激他人确定自己的发展需求。

那么，为什么在培训他人时要进行审查，特别是如果你是一名高管，而这不再是你工作描述的一部分？无论你在工作环境中的地位有多高，你只要能够辨别出培训是管理未达成期望的绩效改进方案，并将其提供给与你直接共事的人，就可以大大增强组织取得成果的能力。当涉及管理未达成的期望时，培训启动器可以帮助你确定需要做什么，以帮助你的期望链中的任何人发展他们所需要的更大的能力来实现你想要的结果。

培训加速器

知道如何加快培训过程并使其最有效，可以获得巨大的回报。我们推荐四个培训加速器，它们将帮助你做到这一点：要求全心全意接受培训、简化你的沟通、帮助人们应用反馈，并向人们展示你想要什么。

要求全心全意接受培训

如果不能产生回报，没有人愿意为个人或整个组织的培训进行投资。让我们感到震惊的是，人们所接受的许多培训从未被付诸实践。

正如佩珀代因大学商学院的马克·艾伦博士所指出的："研究表

明，在（培训和教育）项目中获得的与工作有关的技能和知识，有60%到90%没有在工作中实施。如果美国600亿美元的培训投资中的75%被浪费了，我们每年就浪费了450亿美元！"

埃森哲公司关于同一主题的研究表明，87%的受访高管对培训工作的结果不是"非常满意"。显然，虽然大多数高管相信培训的价值，但他们经常质疑培训的实施和跟进。

为了最大限度地利用培训来解决未达成的期望，你必须首先确保人们已经做好准备。很多时候，我们假定人们对学习的承诺实际上并不存在。因此，要事先让别人全心投入，承诺将培训应用在实务上，这就可以加速他们取得成果的能力。进行培训时，你必须集中精神将学习效果极大化，这是你的终极目标。

农夫说得很对，"我们得让你学会挤牛奶"。把我们知道的东西教给别人是一回事，让别人学习是另一回事。

以个人的层次来说，要求人们全力投入接受培训，就表示要创建当责意识，贯彻执行。你可以使用当责流程外环步骤取得这项承诺。形成有关培训成果的正确期望，然后刻意进行沟通、校准与检视该期望。这将在很大程度上确保人们做出必要的承诺，以贯彻和应用他们的所学。

简化你的沟通

没有什么比无效的沟通更能阻碍培训工作了。同样地，清晰的双向沟通可以大大加快所有培训工作的效果。为了简化你的沟通，确保培训师和学员都考虑到他们如何传递和接收信息，那么听和说同样重要。有效的沟通将加速培训过程，并更快地提高那些为扭转未达成的期望而奋斗的人的能力。

第8章 提供培训

你自己的经验可能强调了这样一个事实：大多数人都不善于倾听。这很常见，因为每个人都倾向于通过自己的信念和过去的经验来过滤他们听到的东西。而且，我们都会在与他人的互动中带来某些特异功能，如多任务处理、接着他人的话往下说，或在他人说话时排练我们要说的话。

在几乎所有的培训情况下，我们都注意到，人们如何有效地倾听，以及他们如何快速地采纳你想让他们学习的内容，两者之间有明显且直接的关系。

虽然没有两个人的倾听习惯是完全相同的，但我们认为大多数人都属于以下两类人之一：文字型倾听者或形象型倾听者。文字型倾听者听别人说的话，主要关注话语的确切含义。这很好，但是当人们把每件事都看得很重时，他们可能无法完全理解说话者的真正意图。

例如，简对罗伯特说："那份备忘录写得太差了，你不如把它扔掉。"罗伯特遵照指示将备忘录撕成碎片，却不明白简的意思其实是"你应该重写一遍"。

形象型倾听者比较能听见话中的意思，而不会去注意明确的细节。这也没关系，但如果人们只注意话的"精神"而不是"文字"，他们就会错过简给罗伯特的信息中的重点："如果你添加一些事实来支持你的结论，你就可以使那份备忘录更清楚。"罗伯特可能通过添加一些额外的意见来修改备忘录，但从未添加简真正想要的事实数据。

因此，人们也倾向于采用文字型或形象型的沟通方式。文字型沟通者试图准确地说出他们的意思，字字斟酌、非常小心。他们希望听众能一字不差地接受他们所说的话。相比之下，形象型沟通者不会如此精确地表达自己，他们不太关心细节，而更关注他们想要传达的一般想法。在你确定自己的倾听和沟通风格时,请考虑这些特征(见表8-1和表8-2)。

表 8-1　两种倾听风格

文字型倾听者	形象型倾听者
准确地听别人说什么	倾听别人所说的话背后的大意
倾向于提出问题以澄清他人的确切意思	倾向于不问问题,只要大意清楚就可以了
注意词语的含义	注意信息背后的感觉和情绪
相信表面上的沟通	寻找弦外之音
较少过滤沟通状况	较为仔细过滤沟通状况

表 8-2　两种沟通风格

文字型沟通者	形象型沟通者
字字斟酌,以反映准确的意思	使用词语表达他们对该主题的感受
会在他们的指令中强调细节,不容意外发生	以概念谈论该主题,提供"大方向"的观点
喜欢简短而有重点的沟通	喜欢较长和较有吸引力的谈话
期望人们能完全按照他们的要求去做	期望人们能想出该怎么做
认为沟通是一种战略,是为了传递信息	认为沟通是为了培养默契,与人建立关系

培训时,了解你和你所培训的人的风格将帮助你简化你的沟通,消除很多挫折感,并加快改进过程。正如你所想象的,当一个文字型沟通者遇到一个形象型倾听者时,最大的挑战就来了,反之亦然。

我们都倾向于把自己的风格投射到别人身上,假设他们的沟通和倾听方式与我们相同,而事实上正好相反。每当你发现自己在培训中处于施教或受教状态时,都要考虑到这一点。

帮助人们应用反馈

在我们的咨询和培训工作中,只要涉及取得结果的问题,我们就会强调反馈的价值。适当的反馈也可以大大加快你希望从额外的培训中看到的改进速度，并确保其在整个期望链中的有效采用。在过去的20年里，我们已经在世界各国的数百个组织中实施了反馈过程，涉及各个工作级别和行业的数万人。这些经验告诉了我们几个宝贵的教训。

【秘诀：十个反馈教训】

1. 除非你让它发生，否则反馈就不会发生。
2. 人们往往会随着时间的推移而停止提供反馈，即使他们曾经经常这样做。
3. 给予赞赏性的反馈比提供建设性的反馈更容易。
4. 如果没有某种后续行动，人们往往不会对反馈采取行动。
5. 拒绝反馈比接受反馈更容易。
6. 人们在应用反馈并看到其对结果的影响后，会更充分地欣赏他们收到的反馈。
7. 当人们进步后，反馈就会减少，因为他们认为不再需要反馈了。
8. 人们很难知道如何回应他们收到的反馈。
9. 人们通常害怕接受建设性的反馈，因为他们把它看作批评而非有益的意见。
10. 组织总是低估了让人们给予和接受反馈的难度。

与我们共事的一位成功高管告诉我们，按照他的思维方式，在商业世界中，你对其他人的尊重莫过于向他们提供直接、诚实的反馈，特别是旨在帮助他们改善业绩的建设性反馈。

我们喜欢他的这些说法：

你认为，不向某人提供反馈，是尊重吗？

你认为，绕过他们去找他们的老板，是尊重吗？

你认为，去找同事，希望他们提点什么，是尊重吗？

我经常提醒自己，传递一个强硬的信息是我对另一个人表示尊重的最终方式。

当我这样做的时候，我把我的恐惧放在一边，而是把他们的需求放在第一位，告诉他们他们需要听到的东西。我已经学会了处理我的不适，同时有话直说，绝不拖延，因为，直言不讳是我表达对人尊重的一种方式。

向人们展示你想要什么

你也可以通过准确展示你希望你的员工做什么来加速培训。就像大多数学习经验一样，当有人向他们展示，而不是仅仅告诉他们如何做某事时，人们的学习效果是最好的。5D快速培训模式提供了几个简单的"展示而不是告诉"的步骤，任何人都可以用来培训他人，提高他们的能力水平。

假设你想知道你的期望链中的人当他们没有交付所需的结果时，如何更坦诚地指导他们。

首先，你要用他们工作中的实际情况来描述如何做。

其次，你通过你自己工作上的类似状况，亲自示范做法，或者用角色扮演的方式，让他们知道如何和他们需要辅导的人对话。

再次，你要鼓励他们通过实际参与你推荐的对话进行尝试。理想情况下，你要亲自观看。否则，你至少要知道他们是如何进行的，并且无论哪种情况，你都要提供反馈，包括赞赏式的和建设性的，以帮助他们在下一次做得更好。

最后，他们继续练习应用他们所学到的东西，而你继续监督他们的进展。

你可能需要重复这个循环几次,但从长远来看,你会发现它大大加快了学习过程。

【当责管理模型16:5D快速培训模式】

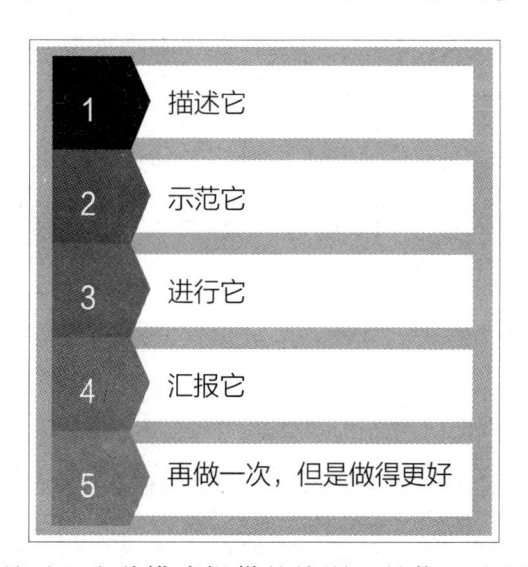

1	描述它
2	示范它
3	进行它
4	汇报它
5	再做一次,但是做得更好

在许多情况下,这种模式提供的培训,是你无法用其他方式能够轻松达成的。我们一直感到惊讶的是,人们没有更经常地依靠模式来实现他们希望期望链中的人学习的行为和技能。这在日常生活中是可行的,甚至在最复杂和技术性的工作环境中同样有效。

当责实况检查

为了提高你在使用培训来管理未达成的期望时的意识水平,需要花点时间来确定你的期望链中的其他人让你失望和没有实现你的期望的情况。这不需要涉及一个巨大的或灾难性的错误,但它应该代表一种情况，即表现和交付让你失望。培训会改善这种情况吗？如果不能，请想一想另一个可以改善的情形。你会选择什么级别的培训来实现补救，是第一级、第二级，还是第三级？一旦你确定了级别，就与你所确定的人坐下来，进行一次当责对话。努力达成一个协议，即培训将有助于解决问题，并讨论到底什么样的培训最有效。外环的步骤将帮助你形成、沟通、校准和检视最佳期望。一旦培训开始，就要跟踪进程，并针对培训的价值与你应扮演的角色进行反馈。如果在正确的时间进行正确的培训不能极大地提高你所期望的绩效和结果，我们将感到非常惊讶。

培训风格

与其他事情一样，你的当责风格会影响你如何处理培训解决方案。对于那些倾向于控制与强迫风格的人来说，花时间培训员工似乎是一项值得怀疑的投资。放慢速度培训某人，并可能模仿期望的行为或技能，可能会让人分心。这一点在第三级干预中尤其适用，因为你通常会花费更多的时间和精力。

然而，在培养个人和组织能力的过程中保持耐心会有很大的回报。如果你的方法体现出更多的控制与强迫风格，你可能会从更多的耐心和更高的意识中受益，因为培训最终可以帮助你实现预期的结果。那些倾向于控制与强迫风格的人最好能够加强沟通对反馈表示欢迎。他们往往不了解人们觉得他们的风格有点吓人，因而怯于提供建言或直接发表意见。每当你表示你真的想要坦率的反馈时，大家就能够比较自在地告知你需要知道的事，即使不是好消息。

那些倾向于等待与旁观风格的人，完全欣赏培训他人和看到他们发展的机会，但他们可能没有彻底跟进，以确保人们应用他们所学到的东西。等待与旁观风格的人通常在支持方面很强，但在确保人们将培训用于工作的跟进方面很弱。通过采取更有条理的方法和使用外环的步骤来实施培训方案，那些具有等待与旁观风格的人将在培训过程中获得更多的力量，并从投入的时间和金钱中获得更多的回报。

等待与旁观风格的人也可能在给予直接、诚实和及时的反馈方面犹豫不决。当他们提供反馈时，他们可能没有那么坦诚，也没有那么及时地提供有用的反馈。他们不想冒险伤害别人的感情。他们希望与人们保持融洽的关系，因为他们认为这是让人们发挥最大能力的最佳方式。

然而，等待与旁观风格的人应该了解一件事情，那就是如果他们能够在必要的时候直言不讳，才是帮大家的忙，也是对大家的尊重。这样做能够帮助他们运用反馈，加速培训后的绩效改善。

培训建立当责意识

当你在正确的时间提供正确的培训时，人们的能力通常会有所提高，他们取得的成果也会有所改善。知道需要什么样的干预才能完成工作，然后提供适当的措施，将大大有助于你管理未达成的期望。你甚至可以考虑让自己接受更进一步的培训，好让你能够继续达成别人对你的期望。体验过培训可以逆转"未达成的期望"这一点的人都明白，培训可以建立当责意识。当人们了解如何使美梦成真时，他们就会期待它能够一再成真。

确保高度的个人当责意识，是四个当责对话解决方案中的第三个，是下一章的主题。

第8章 小结：积极、有原则的方式

快速回顾与管理未达成期望的培训方案相关的原则和方法，提醒你如何利用培训来帮助人们实现成果。

能力阶段模型

为了使你对他人的培训发挥作用，你和他们都必须从"无意识"前进到"有意识"，那是能力阶段模型的最高阶段。

培训启动器

启动四个不同层级的培训，包括问题辅导、模式辅导、表现辅导与安置辅导。

培训加速器

四个培训加速器可以加速进程：

1. 要求全心全意接受培训；
2. 简化你的沟通；
3. 帮助人们应用反馈；
4. 向人们展示你想要什么。

倾听风格

有两种倾听风格：文字型倾听者与形象型倾听者。了解你所培训的人的风格将有助于你修改你的方法，以加速学习过程。

沟通风格

有两种沟通风格：文字型沟通者与形象型沟通者。使你的沟通风格适应你所培训的人，也会加速学习过程。

5D快速培训模式

五个简单的步骤使你能够示范你想教给别人的技能：

1. 描述它；

2. 示范它；

3. 进行它；

4. 汇报它；

5. 再做一次，但是做得更好。

How Did That Happen?

第9章

创造当责

如果个人当责是解决方案

有时，人们无法达成期望，是因为他们没有充分的个人当责意识来克服障碍，并决定他们还能做些什么来达成期望的结果。即使是积极性高、训练有素的人，有时也会缺乏当责意识。

事实上，在过去20年里，我们将大部分职业生涯都用于帮助个人和组织学习如何向前迈进，为取得成果而承担个人的、积极的、有能力的和有成效的责任。这是解决内环未达成期望的解决方案之一，正如我们在《奥兹法则》中强调的那样，它可以从一开始就防止许多问题的发生。

有时，人们之所以无法达成期望，是因为个人当责意识不足，造成无法克服障碍以决定自己"还能做些什么"达成想要的成果。即使是动机很强，也受过良好培训的人，也可能会欠缺个人当责意识。

世界各地有成千上万的个人与团队都用过《奥兹法则》一书中的奥兹法则，在他们的工作与生活中创造更高的个人当责意识。这本书表明，当责意识不是在事情发生时才产生的，而是在每一项新任务中你都应该随时创建的。真正负责任的人不会问"这个问题我该怪谁"，而会问"我还能做些什么来实现这个结果"。积极当责的原则使人们能够超越自己的处境，克服所面临的障碍。《奥兹法则》中的当责步骤图抓住了这种个人当责的本质。

图的上半部分是"当责线上"，是人们采取当责步骤去发现它、承担它、解决它和实施它的地方。

【当责管理模型：17：当责步骤】

当责线上
当责步骤

实施它
解决它
承担它
发现它

当责线

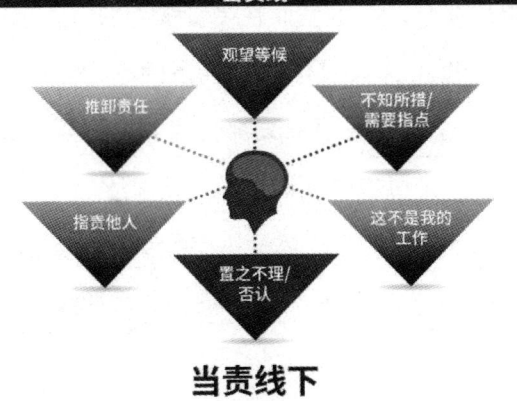

观望等候
推卸责任
不知所措/需要指点
指责他人
这不是我的工作
置之不理/否认

当责线下
责任推诿

人们通过获取他人的观点并倾听这些观点来"发现它"，无论他们是否同意这些观点，这使他们能够更容易地承认现实。人们通过将他们所面临的环境与他们所采取的行动联系起来，来"承担它"。"解决它"包括亲自不断地问："我还能做些什么？""实施它"要求人们履行自己的承诺，不因失败而责备他人，并采取必要的行动来改变局面，取得进展，最终实现结果。

图的下半部分是"当责线下"，是人人参与"责任推诿"的地方，人们为无法交付与达成期望寻找各种借口，为自己的无为与缺乏进展辩解，说这一切都不是他们所能控制的。

在这里，他们因为无力感而憔悴，他们无法改变环境，也无法前进开创新局。当人们落在当责线下时，他们无法为自己的处境当责，怪罪别人让他们无法进步。他们无法交出符合期望的成果，只能交出借口与解释，说明哪里出了问题。

然而，要注意的是，偶尔落在当责线下并没有错；事实上，那是人性。我们都会定期落在当责线下。重要的是，你要察觉到自己已经落在当责线下，并提醒自己，要尽快回到当责线上。因为，想要交出成果，你就必须待在当责线上，而在当责线下的时间越短越好。

我们大多数人每天都会发生当责线下的态度与行为。最近，我们的一位客户对他所说的"他们每天都会遇到这种阻碍结果的态度"感到沮丧，他讲述了一个可以说明问题的经历：

早上7点左右，我在一家自助式餐厅买咖啡和百吉饼，在我前面排队结账的人也买了一个百吉饼，他对柜台的工作人员说："没有花生酱了。后续还会有吗？"

柜台的工作人员说："啊，负责花生酱的人今天没来上班，所以我们今天没有花生酱了。"

听到她这么说，我的盘子差点掉在地上。不久之后，我发现这就是自助式餐厅工作的方式，也就是说，如果做比萨饼的人休假，那天他们就不卖比萨饼了。

当人们盲目地选择活在当责线下时，就会产生这种不可思议的匮乏特性，上述例子就充分展现了这种特性。

案例：对女工来说，零件箱实在太高了

在另一个例子中，首席财务官特丽在调查一条最近重新设计的装配线带来的质量和生产率大幅下降时，大吃一惊。尽管在购买新设备、重新定位旧设备、重新安排工人座位和实施新培训方面进行了巨大投资，但结果还是很难看。

"事情怎么会变成这样？"特丽问。

"怪管理层！"一线工人坚持说。

特丽看见大家都在浪费时间推卸着责任，沮丧之余，她决定找出问题的根源。

作为一名首席财务官，特丽一反常态，直接到工厂车间去询问一位直言不讳的高级装配工，她在公司工作了很长时间，对这个问题非常熟悉。

"产量为什么降低？"特丽问。

这位装配工指着生产线，回答说："你看见什么了？"

特丽说，她看见很多女工把东西装起来。

装配工摇了摇头，说："再看看，特别是那些零件箱和女工的身高。"

特丽不敢相信她现在所看到的一切。她很快就猜到，当维修人员（大部分是男性）建立新的生产线时，他们把箱子放在比女性（占生产线工人的大多数）更高的地方。特丽看着装配工爬上梯子，伸手到箱子里寻找他们需要的零件。在24小时内，特丽与运营部门合作，确保维修人员将零件箱降低到装配工的高度，也撤走了梯子。生产率立即得到了提高。

我们经常在组织中看到这种情况。装配工对没有人直接找他们谈

从负责到当责

这个问题感到沮丧，而管理层则对他们的投资没有得到预期的回报感到沮丧。每个人都在当责线下徘徊。直到首席财务官自己走到当责线上，问了一个问题，"我还能做些什么"，才解决了真正的问题。

无论你是在处理自助餐厅的花生酱还是装配线上的零件箱，当你帮助人们承担责任时，你会帮助他们克服作为当责线下行为特征的犹豫不决和不作为，用产生结果的当责线上的态度和行动来取代它。

案例：我只是个过客，而不是主人？

这正是"女性精品店"的地区经理珍妮弗所做的。女性精品店是一个全国性的连锁品牌，每年都会举办女性西装大赛，这是一个持续数周的销售活动，包括比赛看谁能卖出最多的女性西装。珍妮弗所在的地区由10家零售店组成，在比赛中总是排在最后。更糟糕的是，她所在的地区的总体销售业绩一直处于平均水平。

当我们和她谈起她在比赛中的经历时，她告诉我们，当她询问店里的人关于糟糕的结果时，他们通常会责怪经济（太糟糕）、天气（太热）和顾客（太挑剔）。

她承认，她总是觉得他们的解释很有说服力。在一次相当激烈的辩论中，有人问她，公司为什么不能要求她当责，达成公司的期望时，她辩称："我就是没办法在内华达州这种地方卖西装！"

接着，她说她的新区域经理通知她，公司正在评估所有的地区经理，并且要排出名次。他说，公司所有经理被分为两种类型："主人"和"过客"。

然后，他直视着她的眼睛，告诉她："遗憾的是，珍妮弗，你是个过客！"珍妮弗对此非常惊讶，她为女性精品店工作很多年，始终

第9章 创造当责

觉得自己是个能干的经理。

"为什么？"她满脑子疑问，"他们把我挑出来，却说我不是公司的主人？只是个过客？"

后来，她才明白，这是她此生所听到的最好的当头棒喝，也正是她需要听到的话，此刻恰逢其时。

珍妮弗决定采取当责态度，于是开始认清，她之所以无法达成别人对她的期望，是由于她无法让她这个地区的伙伴当责，交出符合期望的成果。珍妮弗下定决心前进到当责线上，于是着手工作。

她从她的团队里最常失败的部分开始，也就是年度女性西装大赛。她小心翼翼地帮助她的店长们了解，只要他们当责，前进到当责线上，就可能发生什么情况。

她说，真的佩服那些店长们，因为他们和自己一样，都习惯使用借口推托，无法取得比较好的成果。接着，她让他们做出承诺，当他们落在当责线下时，大家必须彼此打气、发现它、承担它、解决它、实施它。

她着手进行"VIP销售"，并以闭馆的方式让VIP不受打扰尽情购物，又能享受诱人的折扣——作为改善他们在女性西装大赛成绩的主要活动。她告诉店长们，这项活动可以为他们的地区带来很好的业绩，或者打破过去的纪录。她说："让我们出去大显身手一番！"

过去，珍妮弗在比赛中，总是依赖她的店长们每星期自己主持一次VIP大会，却不去帮助他们当责，也不为活动的成功做主。

珍妮弗也开始自问："我能多做些什么以交出成果？"

她开始到每一家店巡视、提供培训，协助主持活动的店长们，并将她的意见汇总，让大家知道"我能多做些什么"，让这些VIP觉得这项比赛很刺激。

她很高兴她的店长们并不排斥她到店巡视，也不觉得好像被她打扰，其实，店长们很欢迎她在场；而且，她显然是要让VIP销售成为年度最重要的活动。他们向来视这项活动为一件"例行公事"，现在，它已经变成他们在女性西装大赛中赢得胜利的基本计划。

珍妮弗注意到她的团队有了显著的进步。就连那些过去对比赛颇有微词的人，也能竭尽全力，显示他们也关心自己的地区在比赛中的名次。

VIP销售取得了巨大的成功，而这一成功激发了整个地区新的创新意识。根据一位员工的创造性建议，珍妮弗在每家店都安装了一个"思考箱"，人们可以在那里提出自己的想法，以促进整个地区的销售。

人们全身心地投入到思考如何吸引更多的顾客，例如，为他们提供机会赢取Fossil手表或一分钱一套的新西装。随着珍妮弗继续与她的店长们进行一对一的会面，他们的当责线下活动变成了偶尔的事件，而不是常态。

当责线上的思维感染了大家，店里的每个人都加入进来，致力于做出改变。

珍妮弗告诉我们这个故事时，她刚开完女性精品年度领导会议，她所在的地区因在为期四周的西装比赛中获得第一名而受到表彰。这让她很高兴，但会议上发生的另一件事让她更高兴。她的区域经理祝贺她从一个根深蒂固的"过客"转变为一个坚实的业务"主人"。她继续告诉我们，高层甚至邀请她在会议上向其他地区和区域经理介绍她在本地区策划的转型。

当她站起来发言时，她特意说："你们很多人都认识我。我已经在公司工作了12年，以前我从未在任何方面成为第一名。但我要告诉你们今年我的变化。我应用了我所学到的关于如何帮助人们当责的知识，它完全改变了我的生活。"

在过去的20多年里，我们一次又一次地看到这种情况。很多优秀的组织在其行业中做出了巨大贡献，但在实现目标方面不再取得理想的进展，却通过帮助人们当责而取得了可观的成果。

个人当责意识，让人们拥有解决问题的正确心态，在设法前进并获得成果时，他们也会变得更加机智和富有想象力。

面对无法达成的期望，最好的解决方案就是，让人们回到当责线上，让人们为自己的处境当责，克服障碍，并且自问："我还能做些什么？"

《奥兹法则》将当责定义为："主动地、积极地克服不利环境，并表现出取得预期结果所必需的主人翁精神——发现它、承担它、解决它、实施它。"

就像《绿野仙踪》中的人物一样，人们可以找到解决他们所面临的问题的方法，并经常克服那些似乎无法控制的情况。我们的经验表明，帮助人们对他们的情况负责，以及对他们需要做什么来实现这一结果负责，可以创造奇迹。

案例：当我们站在一起

在与BGC（一家大型快餐连锁店）合作时，我们听到首席执行官纳尔逊对他的管理团队说了一些我们永远不会忘记的话。

在对他的团队讲话之前，他播放了一个有线电视新闻节目的视频片段，他在之前接受了该节目的采访。在这段视频中，新闻主播描述了对纳尔逊的采访，他说："你知道，我最近采访过BGC的首席执行官，他从头到尾都在说经济低迷对他们公司的打击有多么沉重。他们的首席执行官在我们的整段对话里，都在抱怨他们的处境有多么艰难。"

这位新闻主播接着描述了他与BGC最大竞争对手的首席执行官的谈话。"我跟他们的最大竞争对手之间的谈话就截然不同。我跟他们的首席执行官谈话时，他并不认为他们运作中的环境有什么问题。他们的整个组织，都在思考他们能多做些什么以创造成长的机会。这就是为什么他们的业务蒸蒸日上。"

新闻主播结束这段节目时，总结了他的观察：这些公司的股东并不关心食物的味道如何。他们关心的是，尽管目前的经济状况不佳，领导者是如何带领他们的公司取得成果的。

现在，纳尔逊知道他在向他的整个领导团队展示这个视频时冒了很大的风险，但当屏幕变暗时，他站起身说："这个有线电视新闻主播是对的。我身为首席执行官，却沦落到当责线下，我必须跟你们道歉。我必须回到当责线上，向前进，我需要我们整个组织和我站在一起，提出这个问题，'我还能做些什么，把事情做对、做好'。"

那是一个感人的时刻，同时也是该公司的一大转折点。

管理当责流

当责流在每个组织中流动，并贯穿每个期望链。当责流是当责的方向性流动，并确定当责的起源和发展方向。它可以是自上而下的，也可以是自下而上的；也就是说，当责可能来自你，也可能流向你。

当当责流流向你时，你知道已经掌握了当责的力量。这意味着期望链上的人（对组织领导者来说，包括整个组织）要对主要期望负责，主动采取行动，用自己的努力来适时汇报、提出问题、解决问题，总之，要能达成目标成果。

自上而下的当责，使期望链上线的每个人都忙于管理组织中的所有重要活动。每个过程都需要一个过程控制，而在自上而下的模式中，上线的人成为过程控制者，以确保每个人都是当责的。那些控制过程的人非常努力地盯着人和项目，以至于他们最后常常觉得似乎只有他们在对结果当责。当他们把自己的手从控制上移开时，当责流就不再流动了，当责过程就会崩溃。只有当他们返回并重新监管时，当责才会再次生效。

【当责管理模型7：期望链的上线与下线】

你的期望链
链的上线（期望源起之处） ↑
你自己
链的下线（你依赖完成期望的人） ↓

229

自上而下的当责流有什么问题？在期望链下线的每个人都会觉得他们必须服从命令，否则就要承担后果。当负责达成期望的人有这种感觉时，他们就很容易得出这样的结论：当事情出错时，期望链下线的人就必须当责。人们倾向于抵制和避免这种责任，他们逃避承担责任，因为这对他们来说是一种胁迫。

当情况恶化，变成可能造成进度瘫痪的问句"告诉我怎么做"的运作模式之后，位于期望链下线的人，往往感觉到自己失去了一定的个人自由与选择。你可以看见明显的风险——人们放弃自己的个人当责，将它交给那些位于期望链上线的人，因为他们显然往往独自一人孤军奋斗，想要在组织里创造当责。

我们认为，自上而下的当责流已经成为太多组织文化的常态，导致我们今天在全世界看到的当责危机。

正如我们在本书开头所描述的那样，老式的命令与控制方法在过去已经足够有效，但在当今复杂多变的世界中，它没有产生完成任务所需的个人自主感和投入度。

尽管自下而上的方法需要更多的时间，但从长远来看，它会带来可观的回报，因为当人们将自己投入当责流中时，处于期望链上线的人们将花费更少的时间和精力来维持整个组织的产出。

当当责流朝着自下而上的方向发展时，人们就会承担责任，主动向老板、团队成员和同事报告。跟进成为一种自然的、根深蒂固的习惯。他们不会坐等别人来做什么，而是从一开始就能够掌控。这种强大的当责意识并不是来自期望链上线的人们，而是始于个人。通过自下而上的方式，期望链上各个层次的人都要对他们所依赖的人当责。这包括他们所报告的人、向他们报告的人、同事、客户、供应商，以及其他利益相关者。我们称之为360度当责。

360度当责显示了你所当责的所有人员。注意其包容性。以自下而上的方式释放组织的潜力，创造一个更具参与性的环境，使人们能够拥抱当责，以取得成果。你的期望链中的当责流是自上而下的还是自下而上的？对以下陈述回答"正确"或"错误"，你就会知道答案。当然，你也许需要概括的说法，因为在你的期望链上的人，并非人人都在以同样的方式运作。

【当责管理模型18：360度当责】

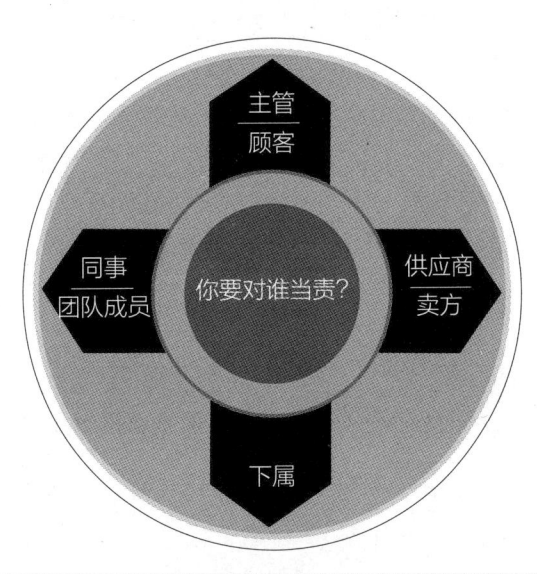

```
            主管
            顾客
              ▲
              │
    同事 ──── 你要对谁当责？ ──── 供应商
  团队成员                         卖方
              │
              ▼
            下属
```

【自我测试9：当责流在你的组织中是以何种方式流动的？】

针对如下陈述，回答"正确"或"错误"：

____1. 人们通常不会向你汇报工作进度，除非你要求他们这么做。

____2. 你专注于"让人当责"的命令，而不是使他们主动"当责"。

231

| ___3. 问题冒出来的时候，只要你不参与解决，人们就无法前进。 |
| ___4. 你时常觉得，整个组织里只有你必须完全当责，才能把事情搞定。 |
| ___5. 你必须随时跟踪，才能确定事情不会出错。 |

在上述陈述中，回答"正确"得3分，"错误"得1分，参考以下表格评估结果。

	【当责流评估结果】
9~15分	在你的期望链中，当责流的流向很可能是自上而下的。这表示你为了得到当责的好处做得太费力。如果你改变当责流的流向，也许可以事半功倍
5~8分	在你的期望链中，当责流的流向很可能是自下而上的。你已经有效地创造了一种人们当责的文化。你的长期成功将取决于是否能维持这种文化

创造一个360度自下而上的当责流，将有助于你的期望链上的人们在未来把工作做得更好。

PPL蒙大拿州公司是一家在蒙大拿州范围内经营13家电厂的公司。当这家位于蒙大拿州比林斯的公司发现自己的安全生产记录低于标准，而且工人的赔偿损失高达数百万美元时，其领导层开始着手创建一个自下而上的当责流来处理工人的安全问题。最终，这一努力带来了更好的安全纪录，并将工人的赔偿损失从"数百万"减少到"数万"。

所有这一切，都是因为整个期望链上的每个人的当责意识大幅提升。现在，在他们的工作班次开始之前，员工们会进行安全检查，并寻找可能导致安全事故的问题。

以前，很少有人对安全检查的后续工作负责。现在，这项曾经

第9章 创造当责

"被遗忘"的任务在工厂各个层面的工人心目中占据了重要的位置。员工们参加了他们团队和工作区域的安全会议,并感到有能力表达他们的关切和实施创造性的建议,这些建议往往会影响到工厂的每个人。当责流从自上而下到自下而上的逆转,帮助员工承担起解决一个极其重要的未达成期望的责任:他们自己的安全和福祉。

在350名工会工人中,约有150人现在因担任安全审计官员、在安全委员会工作和领导安全会议而得到奖励。

这就是露易丝·埃索拉在《商业保险》杂志中所描述的那种方法,她在2008年10月的一篇文章中谈到了丰田公司的一个问题解决项目。"过去变革是自上而下的,现在我们看到,它需要自上而下和自下而上。"

当位于印第安纳州普林斯顿的丰田汽车制造厂的高管们,要求在其车身焊接车间工作的人们找出如何减少"上肢伤害"时,每个参与其中的人都承担了责任,并在项目中全身心地投入。

"由管理人员和生产车间工人组成的工作队创建了一个新的交付系统,使伤害减少了87%。"埃索拉说。后来,这些措施在美国的丰田工厂都得到了实施。没有什么能比员工的完全参与和投入更让当责流朝正确的方向发展了,这种参与能推动人们全身心地投入到解决问题和达成期望中。这一切都始于对当责流的正确态度。

当责态度

人们接受当责的方式各有不同,而他们的当责态度也会大大影响到彼此之间的当责关系。你们之间的关系无论是在当责流的外环或内环，也无论关系好坏与否，都将影响到你让他们当责的能力。

当你面对未达成的期望时，最重要的因素就是当责态度。我们在帮助组织建立更强的当责意识的工作中，发现了当今大多数组织中存在的三种最常见的当责态度：推诿卸责、斤斤计较和全心拥护。了解这些普遍的态度，将有助于你更有效地应用当责，作为一个内环解决方案。

这些态度描述了人们对当责的一般看法和反应。当然，具体的看法和反应可能因人而异，因情况而异。同一个人可能在某种情况下表现出全心拥护的态度，而在另一种情况下表现出推诿卸责的态度。也就是说，一个人可能在工作中表现出一种态度，在家里表现出另一种态度，而在参与他最喜欢的爱好时又表现出另一种态度。虽然应该谨慎地将人们归入任何一个类别，但我们认为，当涉及加速改变组织内人们的思维和行为方式时，你会发现当责态度非常有用。

推诿卸责的人通常不愿意承担任何责任，相反，他们几乎总是在推卸责任。当事情出错时，他们的反应是防御性的，几乎不停地声称："这不是我！"或"这不是我的错。"他们大多数时间都待在当责线下，并经常觉得自己是环境的受害者。他们不会主动向前迈进，而是倾向于以"告诉我怎么做"的方式来回应，只用最小的努力来完成项目或任务，产生"足够好"的结果，但从来没有惊人的结果。他们很满足于"得过且过"。还记得那个摇着头说"负责花生酱的人今天没来上班，所以我们今天没有花生酱了"的工作人员吗？这就是在推诿卸责。

在极端情况下，一个推诿卸责的人让我们想起了电影《火箭人》中的主角。在这部电影中，演员弗雷德·兰德尔扮演哈兰德·威廉姆斯，后者是一个令人厌恶的航天器设计师，当他有机会在第一次载人任务中前往火星时，他的梦想成真了。在任务准备的过程中，哈兰德在一个又一个的意外中失败了，显然都是他自己的错。

然而，每次出错，他都会喊："不是我的错！"尽管他可能是在混乱中被当场抓住的。推诿卸责的人总是能找到方法来否认现实，并解释为什么他对任何失败或缺乏进展没有责任。

斤斤计较的人，采取的是"选择性当责"，仔细选择各种情境，盘算自己该不该投入。有时，你觉得他们是在推诿卸责，但是有时他又似乎在全心拥抱。他们的投入程度取决于若干变量，如他们目前的情况，所涉及的团队成员，他们的个人兴趣，或他们认为的工作量。

在确定他们将在多大程度上当责之前，他们会仔细考虑失败的风险，并将其与自己的利益和愿望进行平衡。他们总是做他们被要求做的事情，但是从他们的工作质量和工作成果所造成的影响中，你就可以判断他们什么时候并未使尽全力。

这种斤斤计较的态度，让我们想起了电影《星际大战》中的人物汉·索罗。哈里森·福特扮演一个叛逆的飞行员，在联盟努力击败帝国的过程中，他会仔细挑选他要参加的任务。每一次任务都会引起他自己内心深处的挣扎——到底该不该参加？投入到什么程度？当他选择对任务当责时，他表现得很英勇；当他选择置身事外时，他就会招致我们的嘲讽。

斤斤计较的人有时在当责线上，有时又在当责线下，在两者之间不断游走，也会因为踩到"线"而觉得泄气。和这种斤斤计较的人共事，发现他们有点不可预测也不可靠。当事情变得棘手时，你能指望他们吗？也许可以，也许不可以。

最后，能够全心拥抱当责的人，通常既不推诿卸责，也不斤斤计

从负责到当责

较,而是热切地对任务当责,并迅速投入个人精力,尽力完成任务。

当事情因他们自己的错误而出错时,他们往往会立即确认自己的角色。因此,他们愿意承担风险,即使这样做可能导致失败。当他们遇到困难的障碍和棘手的问题时,他们会不顾一切地向前推进。具备这种态度的人大多数时候都在当责线上,当然,他们偶尔也会落到当责线下,但是会很快认清事实,并自问"我还能做些什么",尽快回到当责线上。这些人在任何组织和任何环境中都能脱颖而出,因为他们是积极主动、以结果为导向的人,几乎总是能让好事成真。

当我们想到全心拥抱的态度时,就会想起电影《鲁迪》,它讲述了丹尼尔·鲁迪·鲁泰格的真实故事。他不顾重重困难,实现了为圣母大学踢足球的梦想。面对一个又一个的挑战,他不惜一切代价向前冲。他不断地问"我还能做些什么"来解决问题。鲁迪本来可以轻易地在当责线下呻吟抱怨,但他没有自怨自艾,而是突破困境,克服了一切障碍。他代表了一个当责的人,保持着强烈的发现它、承担它、解决它、实施它的态度,对自己得到的结果负责,无论好坏。

当你考虑期望链上的人们具有何种当责态度时,不妨利用表9-1,深入了解他们具有何种当责态度,以及这种态度又将如何影响他们达成期望、交出成果的方式。

表9-1 三种当责态度

推诿卸责	斤斤计较	全心拥抱
避免承担任何可能导致失败的风险	谨慎地决定承担什么风险	愿意承担风险,因为不害怕失败
通常觉得自己是个受害者	根据情况,可以迅速降到当责线下	为自己的处境当责,不会因为缺乏进展而浪费时间解释

续表

推诿卸责	斤斤计较	全心拥抱
常常以"告诉我怎么做"的方式运作	工作态度可能显得不一致，有时竭尽全力，有时只是敷衍了事	通常会主动出击，表现出极大的智慧
当事情发生时，他会躲避，并否认对所发生的事情负有任何责任	当事情出错时，经常捏造一个故事，说明为什么不是他的错	出错时，承认自己的错误
将任何障碍视为停止工作的理由	根据自己的兴趣，将障碍视为绊脚石，或者视为挑战	将障碍视为挑战，他们可以创造性地应对这些挑战

你可以建议那些无法达成期望的人通过这个表了解自己的当责态度。这样能帮助他们了解改变当责态度将如何改善达成期望的能力。一旦他们了解当责对成果的影响，而且在这个背景之下检视自己，他们就可以迅速改变自己的态度——其速度之快，也许会让你吓一跳。在我们的经验里，当人们发现位于当责线下的态度可能伤害到他们自己，而且会危害到组织的整体利益时，他们通常会走到当责线上，尽快采取全心拥抱的当责态度。

当责悖论

多年来，当我们与众多组织、团队、领导人、个人执行者和高级管理人员合作时，我们发现人们在努力实施当责时通常会遇到三种悖论：成功悖论、后果悖论和共同当责悖论。这些悖论的真相有助于解释为什么建立当责意识如此艰难。

第一种悖论是成功悖论。与我们共事的许多高绩效者都感到非常沮丧，因为他们似乎越努力让人们当责，人们实际承担的责任就越少。这通常是因为他们让人当责的方法最终导致人们缩手缩脚，不敢真正当责。这些方法包括老式的命令与控制法，当你用这种方法让人们自愿做某事时，永远无法获得人们的认同。当然，你也可以用"武力"创建一定程度的当责意识，但当你离开现场时，一个人的当责意识也会随之而去。当对人们使用任何形式的胁迫时，他们并没有真正让人们承担责任，他们只是让人们采取当责的行动。这两者之间有很大的区别。

当你让人们承担起真正的责任时，他们会投入自己的心力，表现出一种超越其他策略所能激发的任何行为的主人翁精神。更重要的是，他们会在你不在场时继续这种行为。

案例：我不在场时，就不会有人当责

一位训练有素且成功的领导者杰夫在其职业生涯后期经历了成功悖论的顿悟。他一直认为自己非常尊重他人，尽管他喜欢通过非正式的内部网络收集有关他的组织的信息，然后将其提供给他的直接下属，而他们自己并没有获得这些信息。甚至他也承认，他会通过提出他知道他们无法正确回答的问题来"打压"向他报告的人。他认为，这种策略巩固了他的权威和信誉，并促使他的所有下属在与他会面之前更加彻底地做好准备。他产生的结果似乎验证了他的方法。

他的成就赢得了一连串的晋升，他的职位越来越高，控制的人也越来越多、越来越复杂。然而，当他执行不同任务时，他也开始明白这种特殊的管理方式禁不起时间的考验。于是，他建立了一个制度，要求和他共事的人必须当责（他让他们表现得像当责的样子），但是，他并没有在人们心中创造一种可以取得成果的主人翁感（他并未

第9章 创造当责

让他们承担个人责任）。

是的，人们会随时准备好响应他的要求，但是，只要他一离开，情况就开始恶化。

他终于注意到一个令人不安的模式——每当他被提拔到一个新的层级，他之前负责的领域就会立即出现业绩下滑。

当然，让他懊恼的是，虽然他晋升了，但他还是要对之前那个领域的结果负责。但是，现在他的职位更高了，他已经没有职权能像过去那样直接影响那个领域了。

虽然杰夫知道如何在他在场时让人们承担责任，但他不知道如何在他不在场时让人们接受他们的责任。

最后，他终于明白了。

用他自己的话说，他承认："当强迫者不在时，强迫的风格是无法持续的。"那是杰夫学到的重要智慧，他了解到一种似乎在短期内取得成功的方法实际上从长远来看会破坏当责的结构。

第二种悖论是后果悖论。对大多数人来说，当责要求某人为未达成的期望承担后果。毕竟，没有后果，当责或不当责又有什么区别呢？如果你认为问责是在事情出错时被迫承担的惩罚，那么你就会害怕这些负面的后果，并因此对承担更大的个人责任感到畏惧。

这种思维方式对于接受传统牛津字典中当责定义的人来说是很容易的："必须追究责任。"通常，我们的社会只有在出了问题的时候才会要求进行问责。这种交代会导致惩罚，而没有人愿意接受惩罚。由于害怕惩罚，当人们听到管理层想让人们承担更多责任时，就会四处躲避。在这里，人们又一次错误地认为，当责是组织的领导层强加给每个人的东西，而不是组织中每个人为了获得结果而接受的东西。

这是几个世纪以来人们一直在犯的一个错误。在15和16世纪，都铎王朝和斯图亚特王朝实行了历史悠久的"鞭打男孩"的传统。鞭打男孩是出生在高地位家庭的年轻人，与王国的王子一起受教育，也同样享有许多特权。然而，由于人们相信国王的权力来自上帝，并且只对上帝负责，因此没有人可以不当地触碰君主或其继承人。因此，如果王子做了需要受到惩罚的事情，另一个男孩就会代替他担任鞭刑。

很多时候，组织中的人感觉就像那些被鞭打的男孩。对他们来说，当责就是管理层对负面后果进行惩罚，并在出现问题时通过将他人作为替罪羊来推卸自己的责任。

不幸的是，全世界大多数公司的人确实将当责视为一种消极活动。诚然，当责意味着后果，但这些后果既有积极的，也有消极的。虽然对后果的恐惧可能会阻止人们承担责任，但对积极后果的预期应该鼓励个人主人翁意识。不幸的是，没有多少组织采用后者。

第三种悖论是共同当责悖论。虽然当责是个人的事，但最终的结果却取决于期望链上的许多人共同做主，以取得成果。团队、部门和组织很少被追究责任，至少没有像他们各自的领导者那样当责。

个人，包括领导者，需要对那些让他们负责达成期望的人委托给他们的管理工作的成功或失败负责。事实上，他人言出必行的能力会极大地影响你达成他人对你的期望的能力。

增加期望链上的人为你实现目标的可能性就是本书的全部内容。在管理未达成的期望时，你必须通过帮助人们承担取得结果所必需的个人责任来解决共同当责悖论，即使他们与他人共同承担责任。

个人当责与共同当责可以彼此竞争——不妨想一想，一天终了，究竟是谁应该真正为发生的一切当责？你在帮助别人更清楚地了解个人当责的同时，也必须把这个悖论放在心上，他们必须超越团体共同当责，应该有主人翁感，仿佛一切都指望着他们。当你建立了这种程度的主人翁感时，个人当责与共同当责如影随形的紧绷情势就会自然消失。

案例：为自己做的事当责

以我们公司的一位高级经理人的经验为例，有一次，他和一群家长带着孩子们所属的棒球队到迪士尼乐园去玩。他们预计可以得到入园的折扣票，在入住酒店之后，他们得知他们可以在公园的售票处领取这些折扣票。然而，当他们到达售票处时，柜台后面的迪士尼员工说，不，酒店前台的人说错了。所有的折扣票都可以通过酒店获得，而不是在公园的售票处。

有一位家长告诉那位售票员，到酒店来回一趟需要90分钟，而现场有20个垂头丧气的小男孩在等着，换句话说，如果照他说的方法，这一群人要等到晚上7点才能进园，在打烊之前，只剩下3小时可玩。

于是，这位迪士尼售票员主动联络酒店，商量出一个有创意的解决方案：该公司先收取一位家长的房间费用，好让所有的门票都能打折（这不是一笔小数目，想想所有的门票加起来是四位数字）；那些家长和随行人员则稍后再去自行解决费用问题。

这位售票员不仅解决了问题，还给了一行人"快速通行"的票，以弥补因为门票问题而耽误的时间。

这位迪士尼乐园的售票员展现了个人当责意识，帮助整个期望链获得了成功。她全面承担交出成果的责任，拒绝将解决问题的责任转嫁期望链上的其他迪士尼酒店员工。

这些悖论确实存在，并可能影响到期望链上的任何人。了解并解决这些问题，并帮助其他人也这样做，将促进个人的当责意识，使人们不仅能达到期望，而且能超越期望。

当责实况检查

你可以通过向人们解释当责线上和当责线下的确切含义，从一开始就将积极当责的力量作用于整个期望链上。然后，在你的期望链上找出没有达成你的期望的人，对其加强个人当责意识来解决问题。帮助这个人确定他为什么和如何跌落到当责线下，以及可以采取什么措施来提升到当责线上。

鼓励他问："我还能做些什么来取得进展？"确保你提供支持性的辅导。分享你自己从当责线下走到当责线上的经验，为他们示范你要求他们做的事情。艾伯特·史怀哲曾经说过：

"以身作则并非影响他人的主要做法，而是唯一的做法。"

请记住一个关键的问题，这个问题能让人们在当责线上前进，并激励他们更加机智和坚韧："我还能做些什么？"

运用当责的风格

当然，你的风格会影响你让别人承担更大的个人责任的能力，以解决未达成的期望。如果你倾向于控制与强迫的风格，你可能会发现很难理解为什么有人不急于承担责任。如果是这样，请反思一下你在过去一周的经历，数一数你自己有多少次落入当责线下。在你努力帮助他人走到当责线上的时候，请牢记这一点——你不能强迫他人走到当责线上。从当责线下到当责线上的转变是个人的选择，来自内心。

当责意味着，人们必须选择接受和全心拥抱当责。倾向于控制与强迫的人在这个过程中必须耐得住性子，了解当责的回报是什么。短期来看，当责的回报是"交出更好的成果"；长期来看，当责的回报则是"具备更强的能力"。

习惯于等待与旁观的人，必须比较费力地告诉人们，想要继续有机会参与这个团队，就必须走到当责线上。这种转变也是个人的选择，但是，如果人们可以清楚地了解他们的选项，就会做出比较好的决定。

说服人们认识到当责线上行为的优势，还应该包括说明期望，没有什么比这更重要的了。当与你共事的人明白，承担个人责任是你对他们的一个重要期望时，他们就会更加努力地在工作中关注自己的个人责任，以达到期望。

等待与旁观风格的人有可能不认真对待他们提出的提高当责意识的要求，因为他们并不认为这比要求他们做的其他事情更重要或更不重要。你要清楚地传达你的信息，并强调转移到当责线上的重要性。

让人们相信当责线上的行为有什么好处，同时表明不能低于这个当责线。当与你共事的人，了解"个人当责"是你对他们的主要期望时，他们就会努力检视自己的个人当责，以满足你的期望。

当责文化

当你开始看到当责线下的行为和态度时，你就可以确认，要想解决未达成的期望，就需要让更多的人当责。一旦得出这个结论，你就可以开始指导你的期望链上的人，通过承担更多的个人责任来获得更好的结果。

你如何指导别人这样做，将成为一个在期望链中传播的故事，一个人们反复讲述的故事。他们是会讲一个说服人们接受更多的个人责任的故事，还是会讲一个导致人们以最快的速度逃离的故事？无论好坏，这样的故事都会编织出你和你所依赖的人工作的文化结构；这种文化要么会促进人们取得你所需要的结果，要么会对完成任务造成障碍。创建前者，即当责文化，是下一章的重点，也是解决未达成期望的最终办法。

第9章 小结：积极、有原则的方式

以下回顾总结了使用当责作为未达成期望的解决方案的关键。应用这些原则将加速你帮助他人为取得成果承担更多的个人责任的能力。

当责步骤

当责模型描述的是个人当责的意义，即走到当责线上发现它、承担它、解决它、实施它。人们推诿卸责时，将沦落到当责线下的责任推诿中。"我还能做些什么"这个问题可以促使人们走到当责线上，让人们承担更多的个人责任。

当责流

当责流指的是当责始于何处，以及它的流动方向。传统上，许多组织依靠的是自上而下的当责流，其中居于高位者负责创造当责。自下而上的当责流则是将当责重点集中在每个层级的个人身上，并且注重他们在自己的期望链上全心拥抱与创造当责时所付出的心力。

360度当责

你必须让人当责，这些人都是你赖以达成期望的人，包括你的上司、下属、同事、其他团队成员，甚至组织外的人，如经销商与供应商。

当责态度

当承担更多的个人责任时，人们通常表现出三种态度：推诿卸责、斤斤计较与全心拥抱。你也许会在不同的场合里表现不同的态度，也可能在同一个场合里偶尔变换不同的态度。

当责悖论

三种当责悖论让承担更多的个人责任变得更加困难：成功悖论、后果悖论与共同当责悖论。

How Did That Happen?

第10章

改变文化

如果文化是解决方案

有时，你可以将未达成的期望归因于组织文化的问题。即使是积极性高、训练有素、为完成工作承担个人责任的人，也会发现一种特定的组织文化令人望而生畏，以至于削弱了他们交付成果的能力。

在四种内环解决方案中，文化可能是最难以捉摸和解决的了。然而，尽管如此，加速文化变革，使人们以取得成果所必需的方式思考和行动，可以大大增加成功的机会。我们建议的变革创造了一种当责文化，我们在《翡翠城之旅》中对此进行了详细讨论，它提供了一个强大的工具来管理未达成的期望。

你是否曾经让新的团队成员加入，希望他们的热情能够点燃那些没有灵感的同事，结果却看到他们成为问题的一部分？

一个人在进入公司时，可能会对自己的成功前景感到兴奋，对公司的美好未来感到激动，并渴望开始他们的第一个项目，但在短短几周后，他们变得沮丧、气馁、戒备，并对自己的工作不再乐观。

令你非常失望的是，原本你希望新同事能协助做出改变，你希望新同事的干劲能够感染老同事，结果，新同事来不及改变提不起劲做事的老同事，就已经适应死气沉沉的文化了。

我们把这称为"钟形头"综合征，这个名字是在美国旧有的电话服务垄断企业解体之前，在贝尔电话系统中发明的。当新员工出现在贝尔电话公司时，他们的经理会把绿皮书交给他们，其中概述了所有久经考验的政策和员工在几乎所有可能的情况下应该遵循的程序。不要求新员工思考，只要求他们遵循绿皮书。

热心的新员工想出了一个创新的想法，却被告知在几年内不要告诉别人，直到他们学会了"这里是怎么做事的"。他们被告知，在他们形成大家所说的"钟形头"之前，他们真的不能做出创造性的贡献。想象一下，一个实际上劝阻其员工进行创造性和革新性思考的公司。

我们经常看到"钟形头"综合征，以及其他不良现象，在今天的组织文化中运行。这些文化弱点无一例外地阻碍了进步，使文化本身成为完成任务的障碍。由于一个组织的文化可以帮助或阻碍人们为达成期望而工作，学会识别文化弊病的症状将使你走上治疗之路。几个尖锐的问题可以引导你走向这个方向。

【自我测试10：了解组织里的"文化"问题】
针对以下问题，请以直觉回答"是"或"否"：
____1. 在其他方面足智多谋的人是否似乎无法克服障碍并取得进步？
____2. 人们是否抱怨组织内部缺乏合作？
____3. 人们是否经常寻求支持以推动组织的发展？
____4. 人们是否经常用"我们在这里不是这样做的"之类的话来警告他人？
____5. 人们是否似乎个人愿意完成工作，但在让其他人参与时表示怀疑？
____6. 当满足时限要求需要组织的其他成员参与时，人们是否对承诺时限犹豫不决？
____7. 人们是否将文化的不同方面（如人们不说出他们的真实想法）作为完成工作的障碍？

如果你发现自己对其中任何一个问题的回答是肯定的，那么你可能需要对你的文化做出一些改变。这是个坏消息。好消息是，你可以立即采取措施扭转局面。

加强公司文化的第一步需要准确评估人们如何以及为什么会以低

效的方式思考和行动。为了帮助组织领导者做到这一点，我们开发了结果金字塔。简而言之，该模型确定了人们在日常工作中如何以及为什么得出有关该做什么和不该做什么的结论。

【当责管理模型19：结果金字塔】

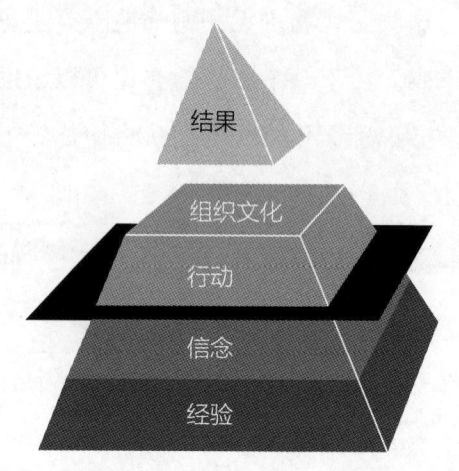

（结果 / 组织文化 / 行动 / 信念 / 经验）

在过去的20年里，我们在世界各地的公司中使用了这个模型，我们所到之处，领导者都称赞它的简单性。结果、行动、信念和经验：只有四个词，但它们抓住了人们做这些事情的本质，以及他们需要做些什么来取得结果。

在金字塔的顶端，我们发现了"结果"。正如我们之前所说的，当责始于明确界定你想要的结果。同样，当责文化也是从这个地方开始的。有了具体的结果，你就可以问自己："为了产生这些结果，人们必须采取什么行动？"

行动可能包括采取更多的主动性，寻求创新，削减成本，减少周期时间，雇用和培训所需的销售人员，深思熟虑地规划产品发布，或者学习如何在一个充满高技能和训练有素的同事的团队中工作。

换句话说，人们需要如何以不同的方式思考，以便采取主动，做

第10章 改变文化

需要做的事情，以实现预期的结果？什么样的信念会推动人们接受新的团队发展方式，基本规则将如何改变，以便决策发生在适当的级别，以及组织将如何创造所需的开放和信任水平，以创造和保持长期的一致性？

最后，是金字塔的基础和关键问题："人们必须有哪些经验才能形成这些新的信念？"虽然通常很难做好，但没有什么能比提供新经验来加强新信念更能迅速地转变文化了。

这些新经验的一致性有助于在任何工作小组、团队、部门或整个组织的心目中固定所需的信念。此外，这些经验也会成为人们在整个组织内讲述的故事。我们观察到，人们不一定需要第一手的经验来改变他们的信念。好的故事是"代理经验"，其本身就可以创造和维持新的信念。

在我们的一个培训研讨会上，一位客户讲述了一个关于某人因某种特殊原因被烧死的故事。在场的每个人都听过这个故事。当我们要求这个小组的组长做一些研究，找出这个事件发生的时间时，我们了解到，这个事件发生在1972年，比现在早了35年。然而，人们复述这个故事时，就像它发生在昨天一样。原来的角色早已消失，而许久之后，这种"代理经验"继续影响着这家公司的信念。

我们经常提醒领导者，对个人负责的行为实际上是对整个组织负责的行为。每个人都可以并且愿意讲述你所做的事情、你是如何做的，以及你是否适当和公平地做这件事。人们将在整个期望链上分享这个故事，就好像它直接发生在他们身上一样。如果是正面故事在你的组织中传播，它们将极大地促进积极的当责和信任的环境。不幸的是，人们更喜欢讲述和听到负面故事，而不是正面故事。要保持清醒的认识，你的行为将成为推动文化信仰的故事来源，这将有助于你更仔细地总结你的经验，并最终加速文化变革。

结果金字塔说明了文化是如何产生的，它实际上是如何发展的，以及你可以做什么来快速改变它。因为这个模型既适用于个人层面，也适用于组织层面，所以它适用于整个期望链。

案例：从少做少错，到自愿多做一点

在一个有工会的工厂，管理层询问我们关于处理这样一个事实的建议，即没有人愿意做主来解决问题。如果出现问题，人们通常会保持沉默，不想分享任何可能给同事带来麻烦的信息。

这种文化体现了两条不成文的规则："做你的工作，保持低调"和"管好你自己的事，做你被要求做的事"。管理层希望改变这种环境。利用结果金字塔，他们开始创建一种当责文化，从管理层开始，一直到工会的工厂车间。

管理层开始让整个工厂的员工，包括工会领导者，参与到文化转变中，以消除那些阻碍实现结果的问题。在明确了这些转变之后，我们帮助他们制定了一套文化信念，以指导人们思考如何以不同的方式完成工作。应用结果金字塔，他们为彼此创造了新的经验，以加强和支持文化信念以及产生结果所需的相关行动。

新的文化面临着第一次真正的考验，一次爆炸摧毁了一个关键的制造系统，给工厂造成了3900万美元的损失，并几乎使生产全部停滞。虽然他们确实恢复了系统的运行，但他们无法实现该系统以前在工厂的生产量，而这是他们迫切需要达到的数字。

工厂经理弗雷德做了一件在旧文化中他做梦也想不到的事，他直

第10章 改变文化

接去找离工作最近的工会工人,征求他们的意见。其中一名操作员大声说道:"我想问你的第一件事是,工厂里有禁止使用笔记本电脑的规定吗?"

这个问题让弗雷德感到惊讶,他问这名操作员为什么想知道这一点。

作为回应,操作员从办公桌的抽屉里拿出了几张Excel电子表格,上面显示了系统的停机时间、利用率和其他技术方面的数据。他说,他在家里做了一些计算,想把笔记本电脑带进工厂继续他的分析。他说,可以证明他的理论,即振动传感器导致机器过早关闭,从而产生较低的生产量。"我知道磨机振动时的感觉,"他说,"我不认为它在振动。我认为振动传感器坏了。"

弗雷德告诉我们,在文化变革之前,这位操作员会"坐在椅子上,等待机器一旦跳闸就重新启动"。操作员永远不会认为自己对找出问题所在负有丝毫责任。然而,在新文化中,操作员主动将他的分析告诉维修人员。遗憾的是,维修人员不接受这个理论,因为他们从来没见过出现故障的振动传感器。

现在,在将情况提醒弗雷德之后,操作员获得了批准以证实他的理论。他带来了他的笔记本电脑,继续运行这些数字,工厂的工程师证实了他的数字和他的结论——振动传感器过于灵敏,造成不必要的关机。

旧文化使车间的劳动者——积极主动、训练有素且负责任的劳动力——无法采取主动。新文化激励他们"做自己的主人",以个人当责意识投入寻找解决方案。

令人惊讶的是,在修复振动传感器后,这家工厂的生产量比爆炸前该公司所有七家工厂的总和还要高。

在这种情况下，消除作为障碍的文化正是克服未达成期望的正确解决方案。

我们将当责文化定义为："在这里，人们每天都在以必要的方式思考和行动，以制定成功的解决方案，寻找答案，克服障碍，战胜可能出现的任何麻烦，并交付成果。"在这样的文化中，每个人都不断地问："我还能做些什么来取得成果，实现目标？"简而言之，在这种文化中，人们会以必要的方式思考和行动来实现组织的成果。但是，并非所有基于当责的文化都能做到这一点。

当责文化

我们考察了世界各地的组织，得出的结论是，基于当责的文化有五种主要类型：自满文化、混乱文化、恐吓文化、推诿文化和当责文化。每一种都代表一种理解、创建和维持当责的不同方式。

在自满文化中，工作通常被明确地定义，人们有责任去做他们所期望的事情，但只能在严格的范围内进行。人们有选择地遵从，仔细挑选他们愿意或不愿意承担责任的事情。当一个问题出现时，你会经常听到人们说类似这样的话："这不是我的工作。"在这样的环境中，人们倾向于抵制变化，并固守现状，缺乏任何自发的持续改进的动力。

虽然每个人都可能相当努力地做他们的工作，但他们只关注他们自己的工作职责，而不关注他们可以做什么来改善结果。

案例：把事情做完，却没有做好、做对

一位沮丧的客户描述了她在这种文化中的经历。

第10章 改变文化

她曾要求物理设施部门在她办公室的墙上安装一条带挂钩的金属条，这样她就可以展示她喜欢使用的活动挂图。总成本在40~60美元之间。

物理设施部门的人员摇着头告诉她："你不能用这个……你这种职位的人，得用柜子才行。"

接着，他们描述了一个非常昂贵的华丽木柜，打开它，里面还有一块白板。

"太大了，"她反对道，"这不是我需要的。"

物理设施部门的人员一怒之下拂袖而去，从此再也没有联系过她。

几个星期之后，她要她的行政助理打电话问问她的金属挂钩后续情况如何。得知她这个级别的人的预算被削减了，现在看来她必须自己买。没什么大不了的，她想。

她有一个朋友最近才进入这家公司，职位比她高一级。她跟这位朋友谈到这次经历时，她的朋友非常惊讶，看着她，红着脸说："你知道吗？我的家具都是新……，还有一台平面电视。我跟他们说我不需要，但是，他们说我这个职位的主管，每个人都有一台。"她们两人相视大笑。

我们这位客户跟我说，那是一个"文化时刻"。

想象一下，有一个人得不到一排价值60美元的金属挂钩展示她需要使用的挂图，但是，另一个人却被强迫接受一台她根本用不上的平面电视。那些物理设施部门的人"只是在做事而已"，从来不自问他们做的事情到底有没有道理。

混乱文化带来了一个不同的问题。在这种环境下，当责没有被明确地定义，因此，人们发现很难预测他们何时会或不会被追究责任。

这是一种出乎意料的当责。人们对哪项任务值得跟进会做出最好的猜测，至少在近期是这样的，然后他们希望并祈祷他们的猜测是正确的。这种意外可能来自目标的不明确，通常是由缺乏沟通、优先事项频繁变化或目标过多造成的。

案例：组织目标？让我读给你们听

我们有一家医疗保健行业的客户，在组织的计分卡上写了16个目标。当我们要求高级管理团队的一名成员列举这些目标时，他拿出卡片说："让我读给你们听。"读给我们听？他没有熟记于心？如果他不能从记忆中提取它们，他怎么能指望他的组织中的其他人知道它们呢？

"哦，"他坚持说，"这些目标都很好理解，我们在每季度的领导层全体会议上会讨论它们，而且我们的内部网站上也有这些目标。"

毫不奇怪，高级管理团队的每个人都以他同样的方式回应我们的询问，翻阅一些文件或打开电子邮件附件，说："让我读给你们听。"

事实上，他们没有达到计分卡上列出的目标。当我们观察该团队讨论他们的进展时，我们听到了这样的解释："这16个目标中的主要目标与其他两个部门的目标相冲突。""我专注于我真正能够完成的16个目标中的两个，所以我没有在其他目标上花费任何时间。""我没有意识到我们真的在努力实现列表上的16个目标。"

领导者无法理解笼罩着整个团队的混乱局面。他知道，这种混乱会渗透到整个组织，并削弱每个人对实现这16目标中的任何一个的当责能力。

显然，人们没有定期跟进。仅凭这一点，这种混乱就会更早地暴

第10章 改变文化

露出来。

为了纠正这种情况，高级管理团队将他们的计分卡整理成最重要的四个目标（为尊重客户隐私，数字已被调整）：将患者数量增加10%，提高患者安全性（减少感染），提高患者满意度（根据消费者观察组的衡量，提高到"A"级），并降低成本500万美元。有了这种更严格的关注，就会定期努力跟进并呼吁人们注意这些领域中的每一个领域的进展。这些简单的步骤促使公司文化发生了巨大的变化，从一个以混乱为特征的文化变成了一个以清晰为特征的文化。

这种清晰度，以及相关的个人和组织当责，为实现组织四个最重要的目标带来了巨大的进步。

恐吓文化是一种迫使人们当责的文化。由于担心自己会失去工作、在组织中的地位或未来的某个机会，他们觉得自己不得不承担责任。不幸的是，他们更担心自己对谁当责，而不是对什么当责。结果，这就是人格力量的当责。

有趣的是，让人们当责的人实际上可能并没有使用胁迫来让人们倾听和回应。无论出于何种原因，人们可能只是陷入当责线下，只有在工作受到威胁时才能鼓起足够的勇气当责。

恐吓的感觉，无论是真实的、有意的、想象的还是暗示的，都会让人们陷入危险的"告诉我该怎么做"的模式。

案例：恐吓还管用吗？

我们曾与一位高管布莱尔合作，他所工作的组织允许他使用恐吓作为管理工具。他是一个强大而有魅力的人，他知道自己想要什么，何时想要。

为了明确这一点,他经常对人们大喊大叫以引起他们的注意。他通过向他周围的人灌输恐惧来进行统治。结果是,人们更担心向布莱尔传递坏消息的后果,而不是完成工作的问题。

有一次,我们参加了布莱尔与他的高级团队召开的会议,其中一位董事就公司的发展方向提出了与布莱尔本人对未来的看法有很大差异的意见。当他说完后,你可以听到一根针掉在地上的声音。布莱尔的脸涨得通红,并以其盛气凌人的个性,开始大声疾呼他的反对意见。一股寒意笼罩着整个房间,大约有40名高级管理人员把目光投向了地板。布莱尔已经表明了他的观点。他不会容忍"那种想法"。

关于布莱尔爆发的故事在公司里传得沸沸扬扬。人们回忆起他发脾气的情景,指责某人的错误或他不喜欢的诚实意见,或者毫不留情地批评某人。他把自己塑造成一个比生命更重要的人物,有一个压倒一切的要求:做好准备,取得成果,否则就等着瞧!他对这种声誉感到非常满意。毕竟,这似乎对他有用。

然而,最终,所有的恐吓,在短期内似乎产生了效果,甚至带来了几个绩效奖,但当他灌输的恐惧变成怨恨、抵抗和糟糕的长期结果时,就变味了。

在推诿文化中,人们不惜一切代价避免承担责任。我们有时将其称为"不作为的当责"。

案例:受训不足的机械工

20世纪90年代,纽约市大都市交通局遭受了这种行为的恶果,他们投资近10亿美元在地铁系统中安装了200部新的自动扶梯和电梯。

尽管投资巨大,但问题却困扰着这个项目,在安装后的一年里,

第10章 改变文化

每六部电梯和自动扶梯中就有一部停用超过一个月的时间。那一年，169部自动扶梯发生了68次故障，每三部电梯中就有两部至少发生一次故障，把受惊的乘客困在里面。

谁能开始计算这些故障的成本？它们是否引起了迅速的关注？

这个问题确实在某些方面引起了很大的关注。《纽约时报》花了几个月的时间来研究这个问题，分析了10年以上的记录。他们的研究结果，最终得到了交通局本身的承认。无数问题被发现，其中包括我们讨论过的几个内环问题：机械师只接受了四个星期的培训，而其他成功的交通系统的同行则经历了四年的学徒期，包括1300小时的课堂培训；组织流程中的不公平，使机械师只花了一半的时间来真正修复机械问题；管理决策在没有解决真正问题的情况下就匆忙恢复了设备；设计缺陷使设备在安装后不久就出现故障。面对这些问题，似乎没有人愿意承担任何责任来进行必要的修复。

这些电梯和自动扶梯每天为500万地铁乘客提供服务。虽然交通局在地铁车厢和公共汽车维修方面的出色工作赢得了认可，但负责辅助设备（包括自动扶梯和电梯）的部门却在一种完全不同的文化中运作。机械师会做一些小的调整，却发现同一台电梯在8天内发生了多达5次的故障。交通局知道他们的培训严重不足，他们的机械师没有具备维修机器所需的技术，但他们忽视了这一事实，还是派出了准备不足、几乎没有动力的机械师。

值得称赞的是，电梯和自动扶梯的总经理约瑟夫·乔伊斯谈到了这种文化的问题，他说："我试图让这些人想到，那可能是你的妈妈，她挂着拐杖走路，需要那部自动扶梯。这个世界上没有什么是可以保证的。下个月可能是我们中的一个人坐在轮椅上。如果你想享受这个城市带给你的便利，你希望能够利用我们的公共交通系统，你就需要那个电梯正常运转。"

当人们放弃当责时，留下的虚空确实是巨大的。它导致了一种普遍的无力感，弥漫在组织内。而这正是乔伊斯团队中的每个人对组织的感受。在这样的环境中，人们失去了对任何事情都会变好的希望，屈从于推诿文化，并没有尝试去当责，以使其变得更好。

最后，我们得出了最好的文化，所有公司都渴望的文化，也是最有效地产生结果的文化：当责文化。这种文化能将当责的力量最大化，让人愿意完全承担。在这种文化中，人们选择为他们的成功和失败当责，始终努力在当责线上，并应用当责流程模型的外环和内环的原则和做法。他们让好事成真。当他们遇到不可避免的不愉快的意外和问题时，他们会迅速采取行动来纠正这种情况。

案例：每桌多卖一道前菜或甜点

当史密斯菲尔德，一家拥有400多家门店的大型上市连锁餐厅，连续几个季度出现亏损，预计利润可能出现4000万美元的缺口时，新任首席执行官马里奥·里祖托宣布，新一年的计划是利润达到4200万美元。

由于组织中的每个人都已经习惯了看到一个又一个的亏损，这个宣布让大多数人觉得是一个荒谬的不可能——从4000万美元的亏损到4200万美元的利润？我们协助新任首席执行官创建了一种当责文化，在这种文化中，当责线下的行为和态度将在整个期望链中消失，当责线上的思想和行为将成为日常。18个月后，当史密斯菲尔德的利润达到4000万美元时，这一举措将所有最初的惊讶变成了自豪。

第10章 改变文化

他们的努力从明确界定结果和消除所有关于优先事项的混乱开始。当马里奥发现公司一度落后于计划400万美元时，他将这400万美元分解为到访餐厅的人数、轮班的数量和为他们服务的员工数量。他的分析结论是，史密斯菲尔德只需要从每位顾客身上多创造11美分的收入。实现这一目标将很快使他们回到计划中。

管理团队着手让期望链中的每个人都参与进来，并问："我还能做些什么来帮助实现这一结果？"

随着餐厅员工四处寻找改变现状的方法，该组织变得充满活力。那些曾经在上班时间到各桌巡访的经理想出了一个主意，他们给每桌的顾客提供了一个小小的卡片，上面印着一道可口的开胃菜，而这道菜恰好是菜单上最赚钱的菜品。

服务员从来没有忘记为每桌提供一棵展示诱人的甜点的桌子树。每个人都知道，为了实现总体目标，他们真正需要做的是向每桌出售一道开胃菜或甜点。在一个月内，他们就实现了这一目标，并安全地回到了正轨。

当责文化是最好的文化，它能产生结果，激励人们，并在整个工作环境中创造兴奋点。

花点时间回顾一下这五种常见的当责文化，考虑哪一种最能描述你目前的工作文化。确定缺少了什么，可以使你自己的能力在达成期望方面有所改变。

在确定你的期望链目前所处的当责文化类型之后，利用结果金字塔来帮助你思考你需要创造哪些经验，以推动当责文化所必需的信念。帮助人们理解当责（按照我们在第9章中描述的方式），然后为其创造一个支持性的环境（正如我们在本章开头所讨论的那样），这将使你在建立积极的当责文化方面走得更远，成为你的文化的一个明确特征。这样一种文化，除其他属性外，还包括组织诚信的三个核心价值。

【当责管理模型20：五种常见的当责文化】

文化	采取当责时，是……	这种当责文化的特色
当责（最佳）	个人选择	人们愿意为自己的成功和失败当责
自满	选择性遵守	人们只对自己的工作当责，他们对工作的定义越窄越好
混乱	惊讶	人们不确定自己将对什么当责，所以他们会做出最好的猜测并希望自己是对的
恐吓	个性使然	人们对他们觉得被迫拥有的东西当责，更担心他们要对谁当责，而不是他们要实现什么
推诿（最糟）	省略不计	人们想尽办法避免为任何事物当责，包括他们自己的工作

组织诚信的三个核心价值

在当责文化中工作的人们对我们所说的"组织诚信"有着强烈的感觉。这是个人诚信的集体版本，其中"我将按照我所说的去做"变成"我们将按照我们所说的去做"。

杨百翰大学的创始人卡尔·梅瑟曾描述过诚信对他意味着什么。

第10章 改变文化

正如他解释的那样,"把我放在监狱里,无论围墙多么高、多么厚,深入到地下多么深,我都有可能以某种方式逃脱;但让我站在地板上,在我周围画一圈粉笔线,让我发誓永远不要越过它。我能逃出这个圈子吗?不,永远不会!我会先死。"

诚信就是言出必行,并尽最大努力遵守诺言。那么,组织诚信就是这样一种理念,即一个团队共同承诺以这种质量作为指导原则进行运营。他们竭尽全力信守诺言,言出必行。

每天,几乎在任何组织中,你都能听到人们说这样的话:

"我烦死了。几乎每天都有人告诉我,她会在中午之前把那份报告放在我的桌子上,可是,现在已经下午3点了,我还是没收到,而且连一句解释也没有。"

"我知道我们到第三季度结束时,交出的数字会很难看。但是,我不会跟我们的管理高层说,我们的数字会比华尔街的预期低15%。"

"每次信息部门设定截止期限,但他们都无法如期交付。这里没有人能做点什么计划吗?为什么没有人能说到做到?"

在我们的实践中,我们了解到,当像这样的抱怨渗透到一个组织中时,它们预示着组织诚信的问题和潜在的当责危机。不解决这个问题的组织会因为他们的不重视而付出巨大的代价:在整个期望链中,期望无法达成。

不幸的是,在过去的几年中,进入就业市场的劳动力一直沉浸在一个不把诚信作为指导价值的环境中。

约瑟夫森研究所的一项研究表明,在100所美国高中接受调查的近3万名学生中,有30%承认在过去一年中从商店里偷过东西,64%承认在考试中作弊,36%承认他们利用互联网抄袭作业,42%承认他们有时为省钱而撒谎。令人惊讶的是，在接受调查的学生当中，有93%认为自己的道德与人格都很高尚。

在学校里作弊并不是什么新鲜事，但当人们认为将其带入工作场所并无不妥时，这种行为就会与构成当责文化基础的价值背道而驰。

为什么组织诚信如此重要？答案很简单。当人们竭尽全力按照他们所说的去做时，工作就会变得可预测，承诺就会变成现实。当你可以指望与你共事的人坚持到底时，让人们负责的过程就会变得更加积极。

归根结底，组织诚信是让期望链中的人们以产生结果并维持信任和尊重关系的方式保持联系的核心。

三个核心价值是任何保持积极当责文化的核心，构成了我们所说的组织诚信。这些核心价值紧密相依，使当责文化真正发挥作用。没有它们，组织诚信就会受到侵蚀并最终消失。我们为这三个核心价值命名，使它们化为行动：贯彻执行、实事求是和畅所欲言。

贯彻执行的意思是"说到做到"；实事求是的意思是"了解真相"；畅所欲言的意思是"有话直说"。它们中的每一个都是组织诚信的重要组成部分。没有它们和它们所推动的行动，没有人能期待真正当责。对它们的全面和持续关注可以让人们以积极、有原则的方式让他人对结果当责。结合并不断强调这三个核心价值将比其他任何事情都更能使人当责、实现期望并取得成果。

贯彻执行

当你打算按照你所说的去做时，你会仔细考虑你做出的承诺。你会建立一个有意义且可实现的"截止日期"，并且会特别努力避免过度承诺和交付不足。其他人从不觉得他们需要追着你要一份状态报告,因为他们知道你能够尽你所能来实现它。

当你承诺截止日期时,人们会接受它,因为他们知道你已经考虑了很长时间,并且相信你可以交付预期的结果。当你表达你的承诺时,人们就会知道你是认真的,并且你会贯彻执行以确保你兑现承诺。他们信任你。

英国人民极其信任温斯顿·丘吉尔,以至于当他于1940年6月4日在下议院发表讲话时,整个国家都相信了他的话:

我们将战斗到底,我们将在法国战斗,我们将在海洋上战斗,我们将充满信心在空中战斗!我们将不惜任何代价保卫本土,我们将在海滩上战斗!在敌人登陆地点作战!在田野和街头作战!在山区作战!我们任何时候都不会投降。即使我们这个岛屿或这个岛屿的大部分被敌人占领,并陷于饥饿之中,我们的由英国舰队武装和保护的海外帝国也将继续战斗,直到新世界在神认为恰当的时候,拿出它所有的力量来拯救和解放这个旧世界。

我们都知道,他履行了这一艰巨的承诺并完成了任务。

当一个文化中的每个人都坚持贯彻执行的承诺时,人们就会相信他们彼此之间做出的所有承诺、保证和最后期限,这种信任建立并加强了加速业务流程所需的积极的当责关系。

实事求是

实事求是是指"了解真相"。在整个组织中致力于了解真相,也会加快业务流程,提高获得结果的能力。当人们抵制真相时,积极的当责就会停滞不前。

我们有时很难了解"真相",特别是当我们认为这可能会使某人感到不高兴或看起来很糟糕时。然而，实事求是比任何试图制造快乐假象的行为都更有助于推动项目的发展，无论其用意如何。

创造一个人们只求真相的环境将帮助他们认清他们所处的现实，并使他们能够清楚地看到，他们只有当责，才能取得成果。

在与我们的一个客户——《财富》100强企业ADH合作时，我们听到了一个故事，说明了了解真相的价值。

案例：即将停产的品牌药与替代的非专利药

ADH制造并销售一种药物，该药物可以解决相对较少的患者的医疗状况。虽然这种药物不是一款畅销的药物，但它已经在市场上销售了很多年。后来，ADH做出停产该药的决定。

有一位父亲，他的女儿依靠这种药物来控制病情。有一天，当他去给女儿重新配药时，却被告知该药已延期交货。

他不知道ADH在宣布完全停止生产之前，正在出售其库存的药物。然而，无法立即获得这种药物的事实促使这位担心的父亲给ADH的总裁写了一封信，解释他的苦恼。总裁要求ADH的高级管理人员比尔调查此事。

经过进一步调查，他了解到一种广泛存在的非专利药可以有效地取代ADH的产品，他把这一事实告诉了这位忧心忡忡的父亲。感谢比尔提供的这个信息，这位父亲去了当地的药店，却得知非专利药中的一些非活性成分与ADH的配方不同，而且根据一位营养师和一家大学医疗中心药房的说法，非专利药不能作为可接受的替代品。

这个消息并没有吓倒比尔，他主动联系了非专利药的制造商，后者告诉他，非专利药的替代品事实上是一个完全合适的替代品。比尔

第10章 改变文化

再次给这位父亲打电话,向他解释其中的科学根据。然后他打电话给大学医疗中心药房,也向他们解释了这一点。

最后,比尔要求ADH编写了一封分发给全国医生的信,其中详细说明了非专利药作为替代品的适用性。

我们喜欢这个故事有几个原因。首先,它强调了坚如磐石的承诺对了解真相的重要性。它还显示了这种真实性的价值不仅在短期内帮助人们解决问题,而且从长远来看也使组织受益。在一个不太负责任的文化中,一个不太负责任的人可能会简单地对父亲说:"我们正在停止生产这个产品,所以你需要咨询你的医生,找到一个合适的解决方案。"相反,他走上了"追求真相"之路,交出了符合期待的成果。

畅所欲言

最后,在当责文化中运作的人,会在需要的时候说该说的话,而且确保别人会听到。为了做到这一点,他们需要一个没有报复恐惧的环境,因为这种恐惧可以压倒一切,以至于任何人,甚至一个通常很自信的人,都会闭口不言。

2001年6月在纽约克利夫顿泉医院和诊所进行的一项调查显示,超过75%的员工对报告医疗错误感到不舒服,而2000年美国国家道德研究所对1000多名执法学院的新学员进行的调查显示,几乎一半的人曾亲眼目睹另一名学员的不当行为,但没有告诉任何人。近80%的被调查者承认,在这个国家,整个执法部门存在着不成文的沉默准则。这些研究支持了我们的论点:畅所欲言并不总是容易的,即使在那些必须畅所欲言以维护他人生命的行业里也是如此。

我们的一个客户经常重复一个真实的故事,说明畅所欲言的重要性。

从负责到当责

案例:承认医疗过失的医生

一位医生在他的办公室给病人打针。不幸的是,他错误地注射了放射科清洁液。在20分钟内,病人躺在了地上,而那些被保证说他们的亲人正在接受一个小手术的家庭成员则惊恐地看着。医生几乎立刻意识到,那两个极为相似的小瓶里装着两种完全不同的溶液,并排放在柜台上,而他用错了。尽管有可能面临医疗过失的诉讼,医生还是向家属坦诚他犯了致命的错误,并对所发生的事情负全部责任。虽然医院的保险商与家属进行了财务结算,但病人家属对医生的坦诚和真实印象深刻,最终没有提出民事诉讼。

在这一切发生之后,家属和医生成了朋友。由于家属和医生处理这一悲剧的方式,医院在过去的几年里一直邀请他们在医院的年度安全宴会上颁发医院的安全奖。

但故事并没有就此结束。事实证明,在这一事件发生的两年前,在城市对面的另一家医院也发生了完全相同的事情。另一位医生在使用这种致命的药剂时犯了同样的错误,而那个病人也死了。但是,与那位畅所欲言的医生不同,这位医生掩盖了他的错误,没有让医院里的其他人知道。如果这位医生说出来,医院肯定会采取措施,防止悲剧再次发生。

创造一个环境,让人们在需要的时候说出该说的话,有助于使当责能够发扬光大,以维持真正的结果。

贯彻执行、实事求是与畅所欲言是组织诚信的三要素。建立和推广这些核心价值将有助于期望链中的人们以积极的、有原则的方式相互当责。

第10章 改变文化

当责实况检查

现在花几分钟时间考虑一下你的组织（或你的期望链）在组织诚信方面的情况。使用下面的计分卡给你自己、你的团队、部门或公司（你赖以完成工作的人）打分，写下一个字母的等级（A~F，1~5，或者你的学校评分系统）。当你给自己和他人打分时，一定要诚实。

【自我测试11：组织诚信的三个核心价值】			
核心价值	描述	为自己打分数	组织/期望链分数
贯彻执行	我说到做到、言出必行，尽心尽力赶上截止期限		
实事求是	我全心全意了解真相；我努力了解人们真正的想法，并承认事物的真相		
畅所欲言	我有话直说，无论是什么		

如果你获得了高分，那么恭喜你！你更有可能享有与组织诚信相关的价值观。如果你的分数偏低，那么你就要认真使用结果金字塔（见当责管理模型19），以建立当责文化的核心价值。与人们坦诚地讨论任何向这些价值转变的尝试，将有助于使你走上正确的道路，使之成为现实。

当责文化风格

就像所有的内环解决方案一样，你的当责风格将影响你解决人们在期望链中所面临的文化问题的能力。如果你的风格是控制与强迫，你就要记住，你不能通过命令来创造一种当责文化。它只能通过邀请的方式发生。也就是说，你必须公开宣传，努力说服组织，使其相信当责线上的行动将使每个人受益。创造新的经验来推动这些新的信念将有助于说服他人。

同样重要的是，你需要建立自由流动的反馈，使人们对进展或缺乏进展的情况说出来，并获得真实感。因为倾向于这种风格的人往往显得令人生畏，建立一个非正式的沟通网络通常是有意义的，这将有助于你掌握组织中真正发生的事情，以及人们是否正在朝着你期望的结果取得真正的进展。

如果你倾向于等待与旁观的风格，你将需要做出额外的努力来模仿组织诚信的三个组成部分。由于这种风格的人更喜欢一种非正式的、较少发言的方式，因此你要确保你为他人创造可信的经验，即以身作则地贯彻执行、实事求是并畅所欲言。你也要清楚地表明，你希望他们也能这样做。

如果你没有用心去做，就会发现人们需要更长的时间，才能相信你是真的希望看到这些特性，不仅是当责文化的一部分，而且是"我们在这里的做事方式"。

选择合适的时机，表现你认真的态度，将强化你加速期望链上的文化变革的能力。

内环

在某个时间点上，每个人都会遇到这种文化，它是完成事情的障碍。营造当责文化将有助于你所依赖的人通过期望链来推动事情的发展，并实现预期的结果。创建一个真正的当责文化需要建立当责所依赖的组织诚信的三个核心价值。

管理当责文化的真正好处是，在某些时候，它开始管理你和与你一起工作的人。通过创造一种当责文化，成功会变得更可预测，因为人们会问"我还能做些什么"，以必要的方式思考和行动来实现结果。这是最好的文化，它培养了一种环境，使你能够以积极的、有原则的方式让人当责。

第10章 小结：积极、有原则的方式

本章总结了一些关键概念，当文化提供了最好的解决方案时，这些概念将帮助你管理未达成的期望。在我们的《翡翠城之旅》一书中提出的原则基础上，本章中的工具将帮助你向当责文化转变。

当责文化

在最好的文化中，人们会承担责任，每天以必要的方式思考和行动，以制定成功的解决方案，找到答案，并克服障碍。

结果金字塔

这里说明"人们为什么做哪些事"，其中包含四个连续的步骤：经验驱动信念，信念决定行动，行动产生结果。

当责文化类型

一个组织在理解、建立和维持当责方面有五种常见的文化类型：自满文化、混乱文化、恐吓文化、推诿文化和当责文化。

组织诚信

组织诚信指的是在一个当责文化中，组织中和期望链上的人都会努力说到做到，并遵守三个核心价值：贯彻执行、实事求是和畅所

欲言。

- 贯彻执行

当责文化中的人，确保自己言出必行。

- 实事求是

当责文化中的人，一定会用心了解真相。

- 畅所欲言

当责文化中的人，自由地说出需要说的话。

结 论

当责词汇

随着与客户往来的经验越来越多，我们越来越体会到一个共同词汇的重要性，它让我们在讨论取得结果的问题时，对话可以更充实且清楚。在培养个人更高当责力时，我们看见人们使用我们在《奥兹法则》一书中介绍的词汇，加快解决问题的速度，因为他们会时常问自己，也问别人："我们在这件事情上，怎么落到了当责线下？"或者"我们需要做些什么，才能回到当责线上？"

在本书里，我们细心打造类似的词汇，让你可以运用积极、有原则的方式让人当责。当你要求期望链上的人使用"外环"和"内环"这样的名词来设定及管理主要期望时，你会发现，他们在解决组织内日常发生的问题时，动作又快又有效。这些词汇不仅是有用的缩略语，可以用来描述人们还需要做什么才能够前进以取得成果，还可以强化让人当责的积极、有原则的方式。

想象你自己置身于这个场景中：

一家大型零售公司白雪的总部设于芝加哥，你是该公司西南区的区域经理。芝加哥的管理高层要求你的团队今年要达成一个大胆的目标，而你的目标是让你负责的区域成为全公司的第一名。你知道要想让这个美梦成真，不能只是发布一道命令，或者来一段振奋人心的谈话。于是，你决定运用当责流程设定与管理这个主要期望。

首先，你带着你的团队走过整个流程：

"未来我们要成为白雪家族的一个重要成员，但是在我们开始讨论这点之前，我要大家先熟悉一个概念，也就是设定期望及如何管理未达成期望的概念。"

你强调，要做到这点，需要的并不是速成法或仙丹妙药。"我们这一行最近处境很艰难，要想取得成果，就必须更加投入、努力才行。"

在你的团队了解当责流程的整个模型所具体呈现的法则之后，你就可以建议他们开始讨论外环。

【当责管理模型1：外环：设定期望】

外环
形成期望
检视期望
沟通期望
校准期望
设定期望

大家马上就可以明白你打算沟通一个主要期望，你希望他们可以做到。他们开始用心倾听你接下来要说的话：

结论

"这件事我想了很久，也和公司及期望链上的其他伙伴讨论过，现在我形成了这个主要期望：我们要在这个会计年度结束时，在计分卡上的五大绩效项目的排行榜上，成为全公司的第一名。要拿到这些项目的第一名，每一家分店的贡献都必须提高。"

接着，你向大家强调，只要你的区域能够达成或超越这个主要期望，大家可以得到什么好处——在低迷的经济局势之中，享有一份稳定的工作，获得升迁的机会与惊喜的红利，以及绩效带来的满足与光荣。

最后，你强调公司希望看见白雪的所有部门都能够达成这样的绩效，而你的期望正符合公司的这个期待。

和大家沟通你的期望之后，接着询问坦诚的反馈，以寻求校准。有一位经理毫不迟疑地说：

"这是个好目标。我们都想成为第一名，但是事实如何呢？店里的员工问题是我们落后的原因。你看到最近请假率有多高吗？已经破表了！"

你点点头表示同意，接着说：

"是的，我知道这真的是个问题，但是在我跳进内环之前，要先确定我们是在同一页。"

继续讨论白雪场景之前，我们先暂停一下，思考如何判断目前你的位置应该是在当责流程中的外环或内环。学习找出某些启动器（见表11-1），你就可以加速寻找正确的解决方案，看你是进行更好的形成、沟通、校准与检视期望，还是设法激励动机、提供培训、创造当责或改变文化。无疑，你必须先让自己当责。

【当责管理模型2：内环：管理未达成的期望】

内环

管理未达成的期望

当责对话

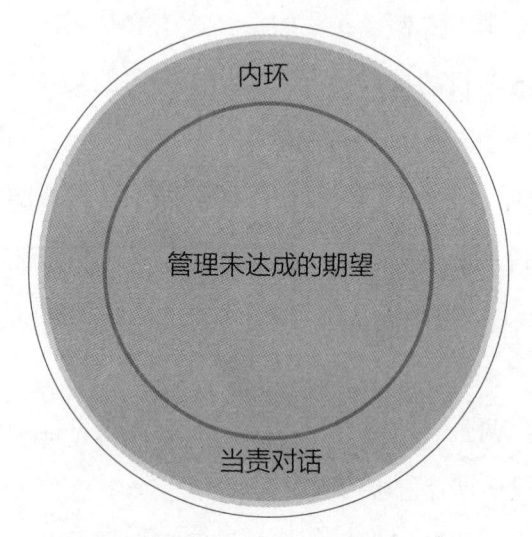

表 11-1 将你移动到外环或内环的启动器

外环启动器	内环启动器
人们无法正确说出你的期望	人们无法交出成果
人们表示他们认为你的期望不切实际或难以理解	人们似乎缺乏足智多谋，而这种足智多谋只有在他们投入努力的情况下才会出现
人们似乎不了解期望背后的"为什么"	人们显然欠缺交出期望所需的技能
人们表现出与你所设定的方向不一致的迹象	人们太常落在当责线下，他们为自己的缺乏进展找出一个又一个的借口
人们不会主动报告我们所期望的进展	人们对组织中事情的真正运作方式的信念阻碍了他们去做需要做的事情

回到白雪的场景，你的一位经理主动表示：

"我想我们在这个期望上，是已经校准了。我们都想要成为第一名，无论在计分卡上的哪个项目，而且我们都会尽全力确保我们可以前进，这是毫无疑问的。但是，显然我们有些内环的问题必须处理。我想我们已经可以跳进内环，找出正确的解决方案。"

结论

【当责管理模型3：内环：四个解决方案】

内环

激励动机 | 提供培训
改变文化 | 创造当责

四个解决方案

在你的团队开始投入内环的讨论之后，另一位经理问："这难道不是动机的问题吗？员工都受过很好的培训，但他们都不了解为什么准时来上班是件很重要的事，而且他们没来的时候造成的混乱，显然他们也不在乎。"这个意见有几个人点头同意。

不过，有人提出了不同的看法。

"我认为是个人当责的问题。我们的经理都不敢贯彻执行必要的绩效教练，因为他们觉得把那些时常请假的人换掉，还不如忍耐请假的问题。主管们都相信，只要你打电话给那些请假的人，他们就会干脆辞职。"

这个看法很有意思。

你打断话题，说："有多少人同意这个看法？"所有的人都同意。

"所以，"一家分店的店长加入讨论，"我们需要把他们纳入事业当中，而且当他们没来上班时，我们就必须贯彻执行绩效计划。"

说得好。

从负责到当责

你继续说:"没错,而且等我们讨论完我们的目标,我们就必须当责,达成目标。"

眼前有两个选项,动机和当责,你建议大家暂停一下,也许问题还包括未曾妥善运用外环的步骤。

"好了,伙伴们,还记得当责对话中的三个步骤吗?在我们选定内环的解决方案,将它设定为一个主要期望之前,我们得先问问自己,我们是不是已经有效应用外环的流程——形成、沟通、校准与检视我们之前的绩效期望。"这个建议让大家想了起来。

"没错!"提出动机问题的那位说,"如果我们要让这新的期望运作得很好,我们就得先想出我们还能做些什么来避免请假成为一个问题。"

另一阵热烈讨论带来了一个普遍同意的结论,即该团队在形成与沟通期望方面做得很好,但是需要更注意校准与检视的问题。另一位经理总结道:"那就会有助于激发大家的认同感,让大家全身心投入,激励大家每天都一定会来上班。"

你请团队再提出其他可能阻碍这个新点子的议题。有一只手迅速举起:"我们要怎么做才能让我们的销售人员受到足够的培训,以便让他们在促销点登记新的促销活动?"

每个人都知道,公司在为即将到来的促销活动所需的任何新的收银程序提供培训方面进展缓慢。

"内环!"有人大喊了一声,引起了一阵哄堂大笑。你也笑了。

"很好。现在我们可以进行当责对话的下一个步骤,选择内环的一个解决方案。"

另一位团队成员主动提出洞见。

结 论

"这是文化问题。公司总是在处理完其他所有的区域之后，才会轮到我们这一区。这种情形已经持续十年了。他们向来的培训顺序都是从第一区开始，我们正好是第九区！"有人建议，由于第九区过去的绩效表现良好，你应该试着跟他们商量，改变培训顺序。你同意为此当责。

你将大家带回外环，带领大家讨论一下小组的感受，即你们都可以提高在校准与检视方面上的技能。当责对话的第三步，你带领团队回到外环，执行该计划。最后，大家同意整个期望链要提高进展报告的频率。他们也同意要在他们的店里处理动机和当责的问题。

"做得好，"你说，"现在，我们是不是也同意使用外环的步骤去做我们想做的事，确保我们可以达成这个主要期望？"

大家此起彼落地说："是啊！当然，没问题！这是一定的！"通过了这项请求。"而且我们会注意任何需要内环解决方案的问题？"点头微笑回答了这个问题。

【当责管理模型4：当责流程】

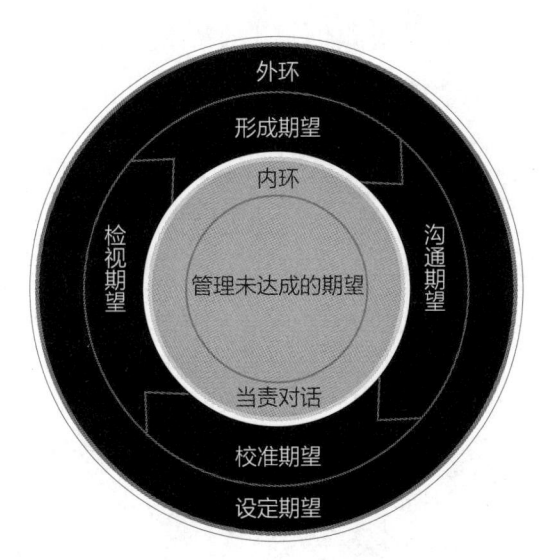

外环
形成期望
内环
检视期望
沟通期望
管理未达成的期望
当责对话
校准期望
设定期望

279

你让整个团队知道，你是多么感谢他们今天使用了当责流程的外环与内环来引导这一段有意义的对话，而且你期望未来还有许多像这样的会议，让你们能够专注于你们的任务，达成大家都期待的成果——第九区第一名。

我们在我们的事业生涯里，曾经协助过世界各地无数客户让个人与组织当责，使他们取得成果。我们看到，在组织的各个层面，在经济的各个部门，在可以想象的各种类型的企业中，人们都在为同一个基本问题而奋斗：

"我要如何有效让别人当责，以取得成果？"

经验告诉我们，这个问题很难回答。然而，我们可以向你保证，只要你做对了当责，人们就会有反应。做错了，人们就会反抗。反抗的结果——你达成主要期望、取得目标成果的希望也将随风而去。

这种积极、有原则的方式为你铺设了一条简单、合理和公平的道路，你可以一次又一次地采取这种方式，以建立士气和取得成果的方式让人当责。当这种情况发生时，人们会心甘情愿地投入他们的心力，以满足和超越期望，并提供非凡的结果，那种结果永远不会让你怀疑："事情怎么会变成这样？"